Aktivierungsspiele für Seminare und Workshops

Zamyat M. Klein

4. Auflage

HAUFE.

Inhalt

Vorwort

Wenn wir an Spiele denken, fällt uns meist unsere Kindheit ein. Und so ist es auch bei vielen lange, lange her, dass sie das letzte Mal gespielt haben. Dabei kann man auch im Erwachsenenalter sehr von Spielen profitieren. Wenn sie gut sind, machen sie uns schlau, kreativ, fröhlich und munter. Das haben auch Trainer erkannt. Die Profis unter ihnen setzen gezielt Spiele in ihren Workshops und Seminaren ein, und das zu den unterschiedlichsten Zwecken, so z. B. zum Kennenlernen, zur Konfliktlösung, zur Teambildung, aber auch zur Aktivierung abgespannter Teilnehmer. Um diese Muntermacher-Spiele, die für das Gelingen von Seminaren und Workshops so wichtig sind, dreht sich alles in diesem TaschenGuide. Er enthält mehr als 60 bewährte, in der Seminarpraxis erprobte Spiele, die müde Teilnehmer wieder munter und konzentriert werden lassen, die neue Energie zutage fördern und die es möglich machen, auch bei ernsten Seminarthemen herzhaft zu lachen.

Sie werden einige Spiele in abgewandelter Form aus ihrer Kindheit kennen. Viele andere werden komplett neu für Sie sein.

Viele wertvolle Anregungen für Ihre Arbeit wünscht Ihnen

Zamyat M. Klein

Wissenswertes zum Einsatz der Spiele

Welcher Trainer kennt das nicht: Nach intensiver Zusammenarbeit im Workshop oder Seminar entdecken Sie in den Gesichtern der Teilnehmer die ersten Anzeichen nachlassender Konzentration. Der eine gähnt verstohlen, die andere kritzelt Figuren auf ein Blatt. Ein anderer Teilnehmer blickt versonnen aus dem Fenster.

Sind Menschen unkonzentriert, weil ihr Energielevel sinkt, hat es wenig Sinn, einfach im Seminar- oder Workshop-Thema fortzufahren. Die letzte Pause ist noch nicht lange her, schon wieder eine wird nichts Wesentliches ändern. In solchen Situationen helfen Aktivierungsspiele. Sie hieven müde und abgespannte Teilnehmer aus Energielöchern. Sie lockern vor allem bei eher schwierigen und ernsten Workshop-Themen die Atmosphäre. Sie bringen durch kurze intensive Entspannungsphasen die Konzentration zurück. Und ein schöner Nebeneffekt der Spiele: Sie machen schlicht und einfach Spaß!

Meist hat ein Muntermacher-Spiel gleich mehrere dieser Effekte. Auch bei den hier vorgestellten Spielen ist das so. Ihre Zuordnung zu bestimmten Zielen dient daher nur der ersten Orientierung.

Der Begriff Teilnehmer wird im Folgenden mit TN abgekürzt.

Zurück zur Konzentration

Jeder Trainer kennt diese Situation: Nach ein oder zwei Stunden intensiver Arbeit lässt die Aufmerksamkeit der Teilnehmer nach. Dann wird es Zeit für Konzentrationsspiele, die mit Bewegung kombiniert sind. Damit gelingt es, das Aufmerksamkeitsniveau in der Gruppe wieder anzuheben.

Ali Baba und die 40 Räuber

Zweck: Erfordert und fördert Konzentration
Dauer: 10 Minuten
Anzahl der Teilnehmer: mind. 7

Beschreibung

Alle TN sitzen im Kreis auf Stühlen.

- Sie beginnen als Spielleiter das Spiel mit dem Satz: »Ali Baba und die 40 Räuber«. Sprechen Sie ihn möglichst rhythmisch. Dabei machen Sie im gleichen Rhythmus eine Bewegung. Sie können z.B. im Rhythmus der Silben mit der rechten Hand auf Ihren rechten Oberschenkel schlagen: »Ali Ba-ba und die vier-zig Räu-ber«.
- In der zweiten Runde pflanzen sich dieser Satz und die Bewegung nach links (zu Ihrem linken Nachbarn B) weiter fort. Der spricht ihn nun mit Ihnen gemeinsam im gleichen Rhythmus und wiederholt dabei Ihre Bewegung aus der ersten Runde. Sie machen derweil aber eine neue Bewegung zum gleichen Satz, die sich B für die nächste Runde einprägen muss. Sie fassen sich z.B. mit der rechten Hand an die Nase und senken die Hand dann wieder, um sie gleich wieder zur Nase zu heben usw. – immer im Einklang mit dem Sprechrhythmus.

- In der dritten Runde greift nun der dritte Spieler C die Bewegung von B auf (also die, die Sie als erstes gemacht haben: Hand auf Oberschenkel), B übernimmt Ihre zweite Bewegung (Hand an Nase) und Sie machen wiederum eine neue Bewegung (z. B. im Rhythmus Knie anheben und senken) usw.

So steigen nach und nach immer mehr Spieler ein, die alle gleichzeitig den Satz sagen, wobei aber jeder eine andere Bewegung macht. Die Bewegungen wandern wie beim Kinderspiel »Stille Post« durch den Kreis; sie folgen Schlag auf Schlag und parallel zueinander.

Jeder Spieler konzentriert sich dabei immer nur auf seinen rechten Nachbarn, schaut sich dessen Bewegung an und greift sie in der nächsten Runde auf.

Wirkung

Dieses Spiel hat es in sich: Es fördert und fordert Konzentration in hohem Maße. Die Konzentration wird deshalb besonders herausgefordert, weil man etwas anderes tun muss als das, was man gerade beobachtet. Ich habe nur selten erlebt, dass es eine Gruppe schaffte. Es geht jedoch bei diesem Spiel nicht darum, dass es perfekt funktioniert, sondern um das Bemühen und Konzentrieren beim Tun. Denn das aktiviert unser Gehirn und hält die TN damit wach, was der Hauptzweck des Spiels ist.

Arche Noah

Zweck: Förderung von Konzentration und Gedächtnis, Spaß
Dauer: 5 bis 10 Minuten
Anzahl der Teilnehmer: mind. 7

Beschreibung

Dieses kleine Gedächtnisspiel erinnert Sie vielleicht an das Spiel aus Kinderzeiten: »Ich packe meinen Koffer«. Hier ist es allerdings um Geräusche und Bewegung ergänzt und ziemlich albern.

Nach und nach werden immer mehr Tiere auf der Arche Noah untergebracht, die sich die TN merken und imitieren müssen.

Alle sitzen im Kreis. Sie als Trainer beginnen zu erzählen: »Noah nimmt zwei Spatzen mit in die Arche, *piep – piep*.«

Ihr rechter Nachbar fährt fort: »Noah nimmt zwei Spatzen mit in die Arche, *piep – piep,* und zwei Hunde, *wau – wau*.«

Dessen rechter Nachbar ergänzt: »Noah nimmt zwei Spatzen mit in die Arche, *piep – piep,* und zwei Hunde, *wau – wau,* und noch zwei Kamele, *gurgel – gurgel*.«

Jeder TN muss immer alle Tiere und Stimmen wiederholen und ein neues Tierpaar mit den dazugehörigen Stimmen hinzufügen. Wer sich verspricht oder nicht mehr weiter weiß, muss eine Runde aussetzen.

Erweiterung

Zu den Geräuschen muss sich jeder auch noch eine Bewegung des Tieres ausdenken und präsentieren.

BEISPIEL

Ein TN sagt: »Noah nimmt zwei Spatzen mit in die Arche, *piep – piep*«, und macht mit den Händen das Öffnen und Schließen eines Schnabels nach.

Beim Esel werden mit den Händen Ohren gebildet; zum Kamel werden mit dem Oberkörper die typischen wiegenden Bewegungen gemacht usw.

Wirkung

So verspielt die Übung auch wirkt, sie erfordert ein hohes Maß an Konzentration der TN. Schöner Nebeneffekt: Sie lockert die Atmosphäre, da sie Lachen garantiert.

Au ja!

Zweck: Wachwerden, nach der Mittagspause wieder zusammen kommen und am Thema anknüpfen
Dauer: 5 bis 10 Minuten
Anzahl der Teilnehmer: mind. 7

Beschreibung

Alle TN stellen sich im Kreis auf. Jeweils einer von ihnen darf einen Wunsch formulieren, den alle anderen TN und er selbst ebenfalls, ausführen müssen, z. B.: »Alle werfen die Arme nach oben.« Alle TN rufen daraufhin begeistert: »Au ja, au ja!« – werfen also alle die Arme nach oben. Dann darf der nächste TN in der Runde einen Wunsch äußern, den wieder alle mit »Au ja, au ja!« beantworten und ausführen.

Der Trainer sollte als letzter seinen Wunsch äußern: »Und jetzt machen wir mit dem Seminar weiter!« Antwort der TN: »Au ja, au ja!«

Wirkung

Ziel der Übung ist es, nach der Mittagspause etwas Schwung in die Gruppe zu bringen. Außerdem zeigt dieses Spiel auf sehr einfache Weise, wie viel leichter es ist, etwas zu tun, das man mit Begeisterung anpackt, und wie diese Begeisterung entstehen und wirken kann. Und tatsächlich sind die TN nach dem Spiel mit Freude bereit, das Seminar wieder aufzunehmen.

Chef und Vize

Zweck: Konzentration, veranschaulicht die Wirkung von Stress
Dauer: 5 bis 10 Minuten
Anzahl der Teilnehmer: mind. 7

Beschreibung

Alle sitzen im Kreis. Ein Spieler, am Anfang am besten der Trainer, ist der Chef, sein linker Nachbar der Vize. Die übrigen TN werden einfach durchnummeriert: Sie sind Nr. 1, Nr. 2, Nr. 3 usw.

Zuerst wird gemeinsam ein Klatsch-Rhythmus eingeübt:

Mit beiden Händen einmal auf die eigenen Oberschenkel klatschen

In die Hände klatschen

Rechts mit den Fingern schnipsen, die Hand dabei in Schulterhöhe halten

Links mit den Fingern schnipsen, die Hand dabei in Schulterhöhe halten

Wenn der Ablauf klar ist, geht es los: Alle klatschen gemeinsam in der oben beschriebenen Reihenfolge. Der Chef und alle weiteren, die jeweils dran sind, machen nun Folgendes:

Nach Schritt 1 und 2, wenn alle mit den Fingern der rechten Hand schnipsen, sagt er dabei gleichzeitig seinen eigenen Namen oder seine Nummer (z. B. »Chef« oder »7«). Wenn alle danach links schnipsen, sagt er gleichzeitig die Nummer oder den Namen eines anderen Spielers (z. B. »1« oder »Vize«).

Derjenige, dessen Nummer genannt wurde, fährt fort, beim ersten Schnipsen seine Nummer zu nennen, um beim zweiten Schnipsen wiederum einen anderen TN aufzurufen.

Das Ganze muss immer im gemeinsam geklatschten Rhythmus passieren. Das funktioniert dann etwa wie im folgenden Beispiel.

BEISPIEL

klatsch – klatsch
(schnips) 4 – (schnips) 7
klatsch – klatsch
(schnips) 7 – (schnips) 2
klatsch – klatsch
(schnips) 2 – (schnips) Vize
klatsch – klatsch
(schnips) Vize – (schnips) 12

So sollte es zumindest sein – in der Realität sieht es aber oft anders aus. Man klatscht im richtigen Rhythmus, bis zu dem Moment, in dem die eigene Nummer aufgerufen wird. Die meisten stehen dann so unter Stress, dass sie es nicht mehr schaffen, die eigene Nummer zum Schnipsen des rechten Fingers zu sagen. Sie geraten vollkommen aus dem Takt.

Wer einen Fehler macht, kommt ans Ende der Schlange und erhält die höchste Nummer. Alle anderen rutschen auf und erhalten eine entsprechend neue niedrigere Nummer bzw. die ersten Zwei die Titel Vize und Chef. Das permanente Wechseln der Nummern und Titel macht die Konzentration noch einmal schwerer.

Wirkung

Dieses Spiel erfordert höchste Konzentration und gleichzeitig Rhythmusgefühl. Dementsprechend fällt es vielen TN schwer. Daher eignet es sich auch gut, um für TN erfahrbar zu machen, wie Stress zu Lernblockaden oder anderen Ausfällen führen kann. Es gibt aber auch Gruppen, die das Spiel nur als großen Spaß ansehen und sich ausschütten vor Lachen.

In jedem Fall macht es alle TN wach und munter.

Das Klemmbrett

Zweck: Förderung der Konzentration durch gemeinsame Bewegung

Dauer: 10 Minuten

Anzahl der Teilnehmer: mind. 8

> Da es bei diesem Spiel zu Körperkontakt kommt, müssen Sie vorher genau abwägen, ob das passend für Ihre TN ist oder nicht. Sie sollten die Übung daher nur einsetzen, wenn Sie die Gruppe gut einschätzen können, also z. B. nicht am ersten Tag eines Seminars.

Beschreibung

Die Hälfte der TN bildet einen Kreis, mit dem Rücken nach außen, Schulter an Schulter. Ein zweiter, lockerer Kreis formiert sich um diesen Innenkreis, mit dem Rücken zu diesem. Die TN des Innen- und des Außenkreises berühren sich an den Rücken.

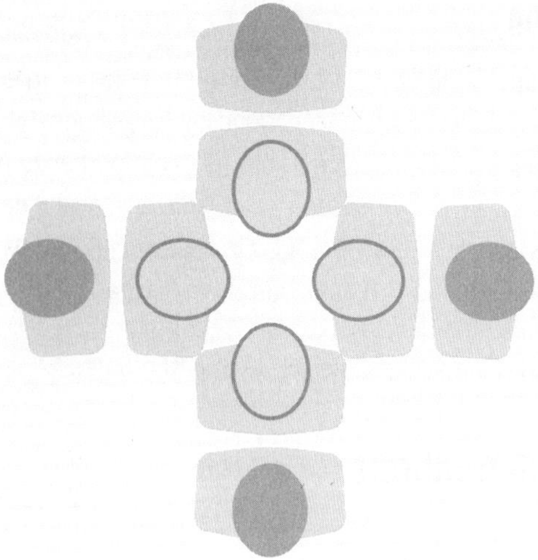

Das Klemmbrett

Der Trainer gibt verschiedene »Befehle«, nach denen sich die TN bewegen:

- **Ein Blatt wird eingelegt:** Die TN des Innenkreises bilden das »Klemmbrett«. Sie beugen sich nach vorne. Die »Außenblätter« legen sich auf die Rücken der nach unten Gebeugten und lassen sich dadurch nach hinten biegen.

- **Blatt festklemmen:** Die TN im Innenkreis heben den rechten Arm, die TN im Außenkreis heben den linken Arm. Die sich so Gegenüberstehenden fassen sich an den Händen.
- **Blatt beschreiben:** Die TN im Innenkreis drehen sich mit dem Gesicht nach außen und schreiben mit den Fingerspitzen auf die Rücken der TN im Außenkreis. (Mögliche Ergänzung: Die TN des Außenkreises müssen das geschriebene Wort raten.)
- **Blatt wechseln:** Der Innenkreis wechselt mit dem Außenkreis die Position.

Wirkung

Hier kommen die TN auch körperlich in Kontakt miteinander. Das Spiel verschafft ihnen Bewegung und dient damit der Aktivierung und der Förderung der Konzentration für die weitere Arbeit. Wenn die Gruppe spielfreudig und locker ist – und vertraut miteinander umgeht, können Sie es einsetzen.

Das kotzende Känguru

Zweck: Förderung der Konzentration, Bewegung, Spaß
Dauer: ca. 15 Minuten
Anzahl der Teilnehmer: mind. 10

Beschreibung

Alle stehen im Kreis, ein TN steht in der Mitte. Der Trainer erklärt den TN zunächst drei Begriffe und die dazugehörigen Bewegungen aus der folgenden Tabelle. Der TN sucht sich aus den erklärten Begriffen einen aus, zeigt auf einen TN im Kreis (unten X genannt) und sagt z.B.: »Elefant«. X muss nun gemeinsam mit seinen Nachbarn links und rechts (in der folgenden Tabelle A und B) die diesem Begriff zugeordneten Bewegungen durchführen. Wer von den Dreien etwas falsch macht oder nicht schnell genug reagiert, tauscht den Platz mit dem TN in der Mitte.

Es empfiehlt sich, mit drei Begriffen anzufangen. Wenn diese einige Male durchgespielt sind, sollten die nächsten drei folgen etc., so dass man erst drei, dann sechs, dann neun, dann zwölf usw. Varianten zur Auswahl hat. So steigern Sie allmählich die Anforderungen an die Konzentration und auch den Spaß, denn es wird schnell langweilig, wenn immer die gleichen Figuren angesagt werden.

Begriffe und dazugehörige Bewegungen	
Elefant	X macht einen Elefantenrüssel, indem er sich mit der linken Hand an die Nase fasst und den rechten Arm durch die linke Armbeuge steckt. A und B fügen die Ohren hinzu, indem sie mit beiden Armen rechts und links von X große Ohren an dessen Körper halten.
Ente	X formt einen Entenschnabel mit den Armen, indem er die Unterarme aufeinander legt und auf und zu klappt. A und B wackeln mit dem Po, um das Entenschwänzchen darzustellen.
Wal	X legt den Kopf in Nacken und prustet laut nach oben. A und B bilden mit wedelnden Händen die Flossen.
Känguru	X formt mit beiden Armen einen Beutel vor dem Körper. A und B springen auf und ab.
Toaster	A und B halten sich an den Händen. X springt innerhalb der Arme von A und B hoch und ruft »Pling«.

Begriffe und dazugehörige Bewegungen	
Kuckucksuhr	X ruft »Kuckuck« und stößt dabei rhythmisch mit dem Kopf nach vorne. A und B machen vor ihrem Körper ein Pendel mit dem rechten Arm.
Waschmaschine	X reibt sich kreisförmig den Bauch, A und B »schleudern«, indem sie Bauchtanzbewegungen mit ihren Hüften machen.
Känguru II	X hebt die Arme an und formt mit seinen Armen einen Beutel vor seinem Bauch. A und B simulieren Kotzen von rechts und links in den Beutel hinein (mit lauten Würgegeräuschen!).
Kamel	X beugt sich nach vorne, A und B formen Höcker auf seinem Rücken, indem sie sich auf ihn stützen.
Palme	X reckt beide Arme nach oben, A und B nehmen jeweils den Arm nach oben, der X am nächsten ist. Alle wedeln mit den Armen hin und her.
Hexenhäuschen	A und B formen mit ihren Armen ein Dach, dazwischen steht X und guckt wie eine Hexe heraus.
Baum	X nimmt beide Arme nach oben, A und B heben das Bein, das X zugewandt ist, an den »Baum«.
Stier	X mimt mit den Fingern zwei Hörner am Kopf. A und B scharren mit dem Fuß, der X zugewandt ist.

Über Seminarteilnehmer und andere Trainer lernte ich die folgenden Varianten kennen:

- Fernseher: X spricht (»Blablabla«), A und B bilden einen Bildschirmrahmen mit ihren Armen.
- Flieger: X hält sich eine Fliegerbrille vor die Augen, indem er Daumen und Zeigefinger zu einem Kreis zusammenführt. A und B deuten mit ihren sich hin und her bewegenden Zeigefingern vor der Brille einen Scheibenwischer an.

- Exhibitionist: X öffnet einen imaginären Mantel, A und B schreien »Huch«, halten sich die Hand vor die Augen und gucken zur Seite weg.
- Küchenquirl: X hält beide Arme hoch, seine Hände hängen dabei nach unten und drehen sich in einer Quirlbewegung. A und B gehen darunter in die Knie und drehen sich um sich selbst.
- Stier II: X bildet mit den Fingern Hörner wie ein Stier. A und B sind Toreros und schwenken ein imaginäres Tuch.

Der Fantasie sind keine Grenzen gesetzt: Sie können die TN auch neue und eigene Varianten erfinden lassen.

Wirkung

Diese Übung ist ein sehr beliebtes Konzentrationsspiel, bei dem viel gelacht wird und gleichzeitig die TN aktiviert werden. Da es etwas länger dauert, kann man es gut einsetzen, um das Mittagstief zu überwinden. Empfehlenswert ist es auch nach längerer konzentrierter Arbeit.

Die drei Gebärden des Zen

Zweck: Förderung der Konzentration

Dauer: 5 Minuten

Anzahl der Teilnehmer: mind. 9

Beschreibung

Die TN stehen im Kreis. TN 1 sagt »A« und hält sich die flache Hand quer über den Kopf. Je nachdem, in welche Richtung die Fingerspitzen deuten (nach rechts oder links), antwortet sein rechter oder linker Nachbar: »Wer?«

TN 1 antwortet »Du«, und zeigt dabei mit der noch freien Hand auf einen dritten Teilnehmer (TN 3) im Kreis. Die andere Hand bleibt währenddessen über dem Kopf.

TN 3 setzt das Spiel fort, indem er wiederum »A« sagt und eine Hand über seinen Kopf hält usw.

Erweiterung

Man kann das Spiel noch ein bisschen schwieriger machen, indem derjenige, der die Hand über den Kopf hält, den entsprechenden Nachbarn nicht ansieht (was viele instinktiv tun). So müssen alle genau aufpassen, wann sie dran sind mit der Frage: »Wer?«.

Wirkung

Diese Übung ist an sich ein einfaches Konzentrationsspiel. Ich habe beobachtet, dass trotzdem einige TN Schwierigkeiten damit haben.

Farkel – Barkel

Zweck: Förderung höchster Konzentration, Einstiegsspiel zu den Themen Stress und Fehlertoleranz
Dauer: 5 Minuten
Anzahl der Teilnehmer: mind. 10
Hilfsmittel: 2 Gegenstände (z. B. Kreppband-Rolle und Filzstift)

Beschreibung

Alle stehen im Kreis. A, am besten der Trainer, beginnt. Er reicht dem linken Nachbarn B den ersten Gegenstand, z. B. eine Kreppband-Rolle, und sagt: »Das ist ein Farkel.« B muss nun nachfragen: »Was ist das?« – A antwortet: »Ein Farkel«.

Nun gibt B die Rolle mit den Worten »Das ist ein Farkel« zu C weiter. Dieser muss nun nachfragen: »Was ist das?« B darf jetzt nicht einfach antworten, sondern gibt die Frage wieder zurück an A. Die Antwort von A (»Ein Farkel«) wird nun von B an C gegeben: »Ein Farkel«. So setzt sich das Spiel fort.

Jedes Mal wird die Frage so lange zurückgegeben, bis sie wieder bei A angekommen ist. Seine Antwort wandert wieder über die einzelnen Personen bis zu dem TN, der das Farkel in der Hand hat und die Frage zuletzt stellte.

Das ist schon schwierig genug, ist aber nur die Vorübung. Wenn das Spiel dann richtig startet, gibt der Trainer das Farkel an A und gleichzeitig das Barkel, den zweiten Gegenstand, nach rechts zu seinem Nachbarn Z: »Das ist ein Barkel«. Z fragt nun: »Was ist das?« usw. Auf diese Weise laufen zwei Fragerunden, eine links herum mit dem Farkel, eine rechts herum mit dem Barkel. Beide Fragen müssen jeweils bis zu A zurücklaufen, der die Antworten darauf dann wieder zurück auf die Reise schickt.

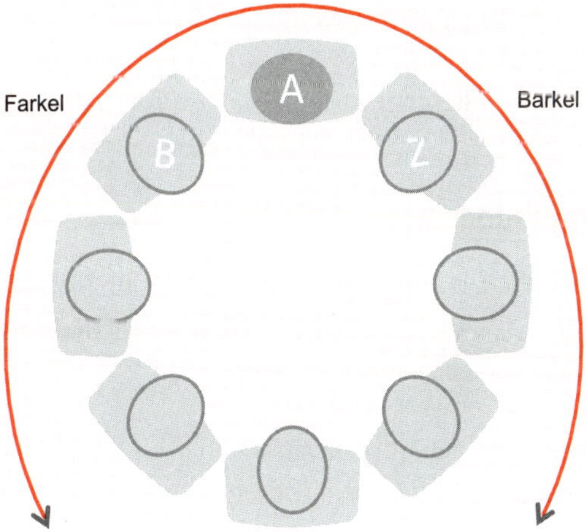

Farkel – Barkel

Chaotisch wird es dann meist, wenn sich bei einem TN Farkel und Barkel begegnen. Nicht nur er gerät dann ins Rotieren, sondern auch alle folgenden Personen.

Wirkung

Für manche ist diese Konzentrationsübung ganz einfach, und sie werden ungeduldig, wenn andere das nicht hinbekommen. Für andere bedeutet sie Superstress. Viele lachen einfach nur herzlich über die entstandene Verwirrung, die verblüfften Gesichter und die unterschiedlichen Reaktionen. Somit ist das Spiel auch eine gut geeignete Einstiegsübung zu den Themen Stress und Fehlertoleranz.

Finger fangen

Zweck: Förderung der Konzentration, Reaktionsschnelligkeit
Dauer: 5 Minuten
Anzahl der Teilnehmer: mind. 7

Beschreibung

Die TN stehen im Kreis. Sie halten die rechte Hand mit der Handfläche nach oben und stellen den linken Zeigefinger auf die Handfläche des linken Nachbarn.

Der Trainer gibt die Anweisung: »Wenn ich bis 3 gezählt habe, versuchen Sie, den Zeigefinger des rechten Nachbarn festzuhalten und den eigenen Zeigefinger wegzuziehen.«

Nach einer Weile werden die Hände getauscht, die linke Handfläche wird nach oben geöffnet. Der rechte Zeigefinger wird auf die Handfläche des rechten Nachbarn gestellt.

Sie können die TN auch mit falschen Anweisungen aufs Glatteis führen: »Auf die Plätze, fertig, los!« – wenn alle entsprechend reagieren, sagen Sie: »Halt, das war nicht das vereinbarte Kommando!«

Wirkung

Dies ist ein Konzentrationsspiel, bei dem Reaktionsschnelligkeit gefordert ist. Es macht die TN wach, weil alles schnell passieren muss. Es ist gut für zwischendurch, z. B. im Mittagstief, und kann ohne viel Aufwand durchgeführt werden.

Finger-Qigong

Zweck: Förderung der Konzentration
Dauer: 5 Minuten
Anzahl der Teilnehmer: mind. 2

Beschreibung

Zuerst werden mit beiden Händen gleichzeitig die folgenden zwei Fingerhaltungen geübt.

1. Der Kreis: Daumen und Zeigefinger berühren sich, bilden also einen Kreis. Die drei anderen Finger bleiben gestreckt.

2. Das Victory-Zeichen: Zeige- und Mittelfinger strecken sich V-förmig nach oben, die anderen Finger werden eingeklappt, wobei die Daumen die Ringfinger berühren.

Diese beiden Haltungen werden nun einige Male im Wechsel eingenommen – dabei kann man die Geschwindigkeit steigern. Schwieriger wird es, wenn die eine Hand das Victory-Zeichen, die andere parallel dazu den Kreis formt – und dies immer im Wechsel. Noch komplizierter wird das bei höherem Tempo.

Zur Steigerung des Schwierigkeitsgrads kann man noch eine dritte Figur hinzunehmen und diese im Wechsel mit den anderen durchführen: Der kleine Finger wird nach oben gestreckt, die anderen Finger bleiben eingeschlagen.

Wirkung

Das Finger-Qigong nach Awai Cheung, ein Qigong-Experte, ist eine wunderbare Übung zur Konzentration. Sie regt beide Gehirnhälften an.

Huhn und Ei

Zweck: Förderung der Konzentration, Spaß
Dauer: 5 Minuten
Anzahl der Teilnehmer: mind. 7

Beschreibung

Jeder TN erhält eine Zahl, indem von 1 an durchgezählt wird. TN 1 beginnt und sagt: »Mein Huhn legt 14 Eier!«

TN 14 fragt: »Warum denn 14?« – TN 1 fragt zurück: »Wie viele denn sonst?« – TN 14: »Na, 7!«

Daraufhin TN 7: »Warum denn 7?« – TN 14: »Wie viele denn sonst?« TN 7: »Na, 5.« TN 5 antwortet: »Warum denn 5?«, usw.

Wirkung

Bei diesem Spiel ist von allen TN hohe Konzentration gefordert. Der schöne Nebeneffekt: Es wird auch viel gelacht, da es an sich keinen Sinn ergibt. Man kann es jederzeit mal eben zwischendurch einschieben, wenn man als Trainer merkt, dass die Konzentration der Gruppe schwindet.

Ich sage Knie

Zweck: Förderung der Konzentration

Dauer: 5 Minuten

Anzahl der Teilnehmer: mind. 7

Beschreibung

Die TN stehen oder sitzen im Kreis. TN 1 beginnt und sagt: »Ich sage Knie«, und fasst sich dabei ans Ohr.

Sein linker Nachbar, TN 2, sagt: »Ich sage Nase« und fasst sich dabei an das Knie.

TN 3 fasst sich an die Nase und ruft: »Ich sage Ellenbogen«, usw.

Jeder fasst also das an, was der andere gesagt hat und benennt dazu gleichzeitig ein neues Körperteil.

Variante

Man kann die Übung natürlich auch genau andersherum durchführen: TN 1 beginnt mit den Worten: »Ich sage Knie«, und fasst sich dabei Ohr. TN 2 benennt das, was TN 2 angefasst hat: »Ich sage Ohr«, und fasst sich dabei an ein anderes Körperteil, z. B. an die Nase. TN 3 sagt nun: »Ich sage Nase«, und fasst sich an den Ellenbogen usw.

Wirkung

Die hohe Kunst bei diesem Spiel besteht darin, dass man etwas anderes sagt, als man gerade tut. Das ist nicht so einfach, trainiert somit die Konzentration – und fördert gleichzeitig auch noch ganz nebenbei die gute Laune.

Kopf drehen

Zweck: Förderung der Konzentration
Dauer: 5 Minuten
Anzahl der Teilnehmer: mind. 7

Beschreibung

Die TN stehen in einem engen Kreis. A beginnt, dreht den Kopf zur rechten Schulter und sagt: »Ja«. B, der rechte Nachbar, dreht seinen Kopf ebenfalls nach rechts und sagt: »Ja«. Dies wird von C aufgegriffen usw. Jeder sollte diese Aktionen möglichst schnell ausführen.

Wenn nun D den Kopf einfach gerade lässt und nichts sagt, so ist das das Stopp-Signal. C muss dann nach links (also in die andere Richtung) ein »Nein« weitergeben.

In dieser Übung gibt es also abwechselnd Ja- und Nein-Runden, die durch Schweigen und Unbeweglichkeit eines Spielers ihre Richtung ändern. Das erfordert eine besondere Aufmerksamkeit, denn auch der Wechsel sollte möglichst schnell geschehen.

Variante

Man kann das Spiel auch vereinfachen, indem der Spieler, der das weitergegebene »Ja« stoppen will, einfach »Nein« sagt – anschließend geht das »Ja« wieder in die andere Richtung zurück.

Wirkung

Dieses Spiel ist eine kleine Konzentrationsübung für zwischendurch. Sie erfordert weniger Platz als das Spiel »Ja-Nein-Kreis« (siehe hierzu das Kapitel »Neue Energie durch Bewegung«), erzeugt aber auch weniger Energie. Hier stehen mehr die Konzentration und Reaktionsfähigkeit im Vordergrund.

Tierpfleger Hugo

Zweck: Bewegung, Förderung der Konzentration

Dauer: 5 Minuten

Anzahl der Teilnehmer: mind. 8

Vorbereitung: Pro TN wird ein Tiername (Ameise, Bär, Vogel etc.) auf einen kleinen Zettel geschrieben. Die Tiernamen werden mehrfach vergeben (z. B. drei Zettel mit Ameise, vier Zettel mit Bär etc.). Alle beschriebenen Zettel werden in ein Gefäß gelegt.

Beschreibung

Alle TN sitzen im Kreis. Jeder wird gebeten, sich einen Zettel aus dem vorbereiteten Gefäß zu ziehen. Ein vom Trainer ausgewählter TN wird gebeten, aufzustehen und eine Geschichte über den Tierpfleger Hugo zu erzählen. Der TN darf eine Geschichte erfinden, die ruhig unsinnig sein darf, jedoch die gezogenen Tiernamen enthalten muss.

BEISPIEL

»Jeden Morgen kommt Hugo, der Tierpfleger, in den Zoo. Als Erstes bringt er den Ameisen ihr Frühstück, anschließend nimmt er sich viel Zeit für die Bären. Die Vögel dürfen ein wenig herumfliegen ...«

Wird einer der vorhandenen Tiernamen in der Geschichte genannt, müssen die entsprechenden TN aufstehen und ihre Plätze tauschen. Dabei versucht der Geschichtenerzähler, auch einen Platz zu erwischen. Wer keinen freien Stuhl mehr bekommt, geht in die Mitte und erzählt weiter.

Bei dem Wort »Zoo« müssen alle Spieler aufstehen und ihre Plätze tauschen.

Wirkung

Wenn Sie zwischendurch etwas Bewegung in den Seminar- bzw. Workshop-Ablauf bringen wollen, eignet sich dieses Spiel. Sie können es einfach zur Unterhaltung einsetzen oder auch mit dem Thema der Veranstaltung in Verbindung bringen.

> Das Spiel kann sehr lebhaft werden, je nach Temperament der TN. Es sind dabei schon Stühle kaputtgegangen, TN auf dem Boden neben den Stühlen gelandet – oder auf dem Schoß eines anderen. Bereiten Sie die Gruppe entsprechend darauf vor.

Verfolgen

Zweck: Förderung der Konzentration, Bewegung, Spaß
Dauer: 5 Minuten
Anzahl der Teilnehmer: mind. 8
Hilfsmittel: Musik

Beschreibung

Alle gehen zur Musik kreuz und quer durch den Raum. Jeder sucht sich heimlich einen Mitspieler, den er unauffällig verfolgt. Bricht die Musik ab, versucht jeder sein bisher verfolgtes Opfer zu fangen. Falls er vorher nicht selbst gefangen wird …

Wirkung

Dies ist ein Wahrnehmungs- und Beobachtungsspiel, kombiniert mit Bewegung (Gehen und Laufen).

Die Aufgaben, jemandem unauffällig zu folgen, und gleichzeitig aufzupassen, wer einen selbst verfolgt, erfordern von den TN eine erhöhte Wachsamkeit und damit viel Konzentration. Das Fangen am Ende lässt das innere Kind wieder aufleben.

Verzögerte Antwort

Zweck: Konzentration, leichteres Kennenlernen der TN
Dauer: 5 Minuten
Anzahl der Teilnehmer: mind. 4

Beschreibung

Die TN bilden Paare (A und B). A stellt seinem Partner B zwei Fragen: »Wie heißt du?« – »Wie alt bist du?«

B antwortet nur auf die erste Frage: »Michael.«

A fragt als Nächstes: »Wo kommst du her?« B antwortet: »35 Jahre.«

A fragt: »Was isst du gerne?« B antwortet: »Aus Köln.« usw.

B antwortet also immer auf die vorletzte Frage und muss sich die letzte Frage jeweils merken.

Nach einer Weile tauschen die Partner, und B stellt nun A Fragen.

Wirkung

Dieses Spiel ist eine Übung zur Konzentration, die man gleichzeitig zum Kennenlernen einsetzen kann.

Walnuss-Wandern

Zweck: Förderung der Konzentration, spielerisch die Themen Stress und Umgang mit Fehlern erkunden

Dauer: 5 Minuten

Anzahl der Teilnehmer: mind. 8

Hilfsmittel: eine Walnuss oder Ähnliches pro TN

Beschreibung

Alle TN stehen in einem engen Kreis, jeder hat eine Walnuss in der rechten, senkrecht gehaltenen Faust. Die leere linke geöffnete Handfläche wird direkt unter die Walnuss-Faust des linken Nachbarn gehalten.

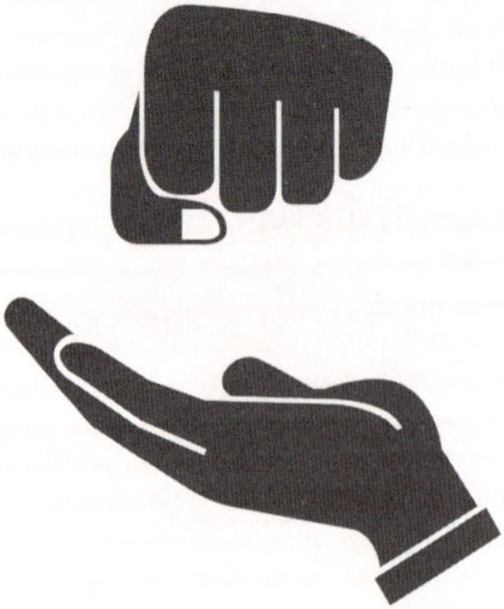

Handstellung beim Walnuss-Wandern

Der Trainer sagt »Parallel«, und die Walnuss wird übergeben. Der Trainer sagt: »Überkreuz«, und die TN nehmen ihre Hände überkreuz und drehen sie dabei, wobei der linke Arm über dem rechten gekreuzt wird. Die linke Walnuss-Faust befindet sich jetzt über der leeren rechten Hand des rechten Nachbarn, die leere rechte Hand befindet sich unter der gefüllten linken Faust des Nachbarn links – nun wird die Walnuss übergeben. Der Trainer sagt wieder »Parallel«, und die Arme gehen in die parallele Ausgangsstellung zurück. Die Nuss wird wieder übergeben und das Ganze wiederholt sich immer weiter.

Wirkung

Was oft bei dieser anspruchsvollen Konzentrationsübung zu beobachten ist: Viele lassen einfach nicht los und halten den Gegenstand fest. Oder sie hören nicht exakt auf die Anweisungen und kreuzen schon vorher die Arme. Das bringt dann alle aus dem Rhythmus.

Sie können hier beobachten und je nach Seminarthema auch thematisieren – wie die TN mit Stress oder Fehlern umgehen.

Wirken Sie als Trainer darauf hin, dass das Spiel nicht zu ernst genommen wird, dass alle genügend Geduld aufbringen, es langsam einzuüben und einfach zu lachen, wenn wieder einmal jemand etwas »falsch« macht.

Zwanzig Zwerge

Zweck: Förderung der Konzentration, Bewegung, Rhythmus, Spaß

Dauer: 5 bis 10 Minuten

Anzahl der Teilnehmer: mind. 8

Vorbereitung: Auf ein Blatt Papier wird folgender Text geschrieben: »Zwanzig Zwerge machen einen Handstand, zehn im Wandschrank und zehn am Sandstrand.«

Beschreibung

Alle stehen im Kreis. Zuerst wird der Text »gelernt«, dann werden die Schritte eingeübt. Das wird 2 bis 3 Runden wiederholt, bis es alle können.

- Der Grundschritt: Im Rhythmus rechten Fuß nach rechts, den linken Fuß anstellen. Linken Fuß nach links, den rechten Fuß anstellen.
- Klatschen: Nun kommt die erste Variante mit Klatschen hinzu, es wird immer »im Beat« (Eins – Zwei – Drei –Vier) geklatscht (im Folgenden fett hervorgehoben): »**Zwan**zig **Zwer**ge **ma**chen einen **Hand**stand, **zehn** im **Wand**schrank und **zehn** am **Sand**strand.«
- Fingerschnipsen: Als zweite Variante wird nun das Schnipsen geübt. Es wird »im Off-Beat« (Eins **Und** – Zwei **Und** – Drei **Und** – Vier **Und**) geschnipst (im Folgenden fett hervorgehoben): »Zwan**zig** Zwer**ge** machen **ei**nen Hand**stand**, zehn **im** Wand**schrank** und zehn **am** Sand**strand**.«

Und schließlich, als krönender Abschluss, werden Gehen, Klatschen und Schnipsen miteinander koordiniert.

Teilen Sie dann die TN in die Gruppen A und B auf. Gruppe A klatscht im Beat. Gruppe B schnipst im Off-Beat. Anschließend tauschen die Gruppen einmal, da den meisten TN die A-Rolle leichter fällt. Als Trainerin unterstütze ich daher auch immer die B-Gruppe.

Variante

Alle TN gehen in die Hocke und führen Bewegungen zu bestimmten Textstellen aus.

Textstelle	Bewegung
Zwanzig Zwerge ...	Mit den Armen über dem Kopf Zipfelmützen andeuten
... machen einen Kopfstand	Beide Hände auf dem Boden aufstellen und Kopf nach unten hängen lassen
... zehn im Wandschrank	Aufstehen, zur linken Seite drehen und mit den Händen einen Kasten zeichnen
... zehn am Sandstrand	Nach rechts drehen und Hände im Rhythmus rauf und runter bewegen, als ob man den Zwergen sanft den Kopf tätschelt

Sie können sich natürlich auch selbst Bewegungsvarianten ausdenken.

Wirkung

Zu einem Text Bewegungen zu koordinieren, erfordert Konzentration. Durch die Bewegungen (in die Knie gehen, Kopf nach unten, wieder aufstehen) wird außerdem der Kreislauf angeregt. Beides macht die TN wieder wach und munter für die nächste Seminareinheit. Zudem sorgt der sinnlose Text für viel Spaß.

Die Sinne wecken

Lernen findet über die Sinneskanäle statt. Sinnesübungen können dazu beitragen, die Aufnahmefähigkeit zu fördern und die Sinne zu schärfen. Gleichzeitig haben diese Übungen auch einen Erholungseffekt zwischen Phasen der Kopfarbeit.

Blind führen

Zweck: Schulung der Sinneswahrnehmung, Schaffen von Vertrauen zwischen TN
Dauer: 10 bis 15 Minuten
Anzahl der Teilnehmer: beliebig
Hilfsmittel: Klopapierrollen

Beschreibung

Die Übung kann in einem geschlossenen Raum, im ganzen Gebäude oder draußen durchgeführt werden.

Die TN bilden Paare. A schließt die Augen, B führt ihn. Beide sollten während der Übung nicht sprechen. Es können verschiedene Stufen und Schwierigkeitsgrade durchlaufen werden.

Kontakt minimieren

- Zuerst fasst B den A an beiden Schultern. So gehen sie langsam durch den Raum. B passt auf, dass A mit niemandem zusammenstößt.
- Wenn A sicherer wird, führt in B nur noch mit einer Hand auf der Schulter.
- Dann fasst B den A an der Hand und führt ihn so.
- Schließlich berührt er ihn nur noch an den Fingerspitzen.
- Jeglicher Körperkontakt wird eingestellt: B teilt A dafür einen Laut mit, mit dem er ihn dirigiert, z.B. Schnalzen, Pfeifen, Schnipsen. A folgt dann dem Laut.

Tempo verändern

Die Übung kann variiert werden, indem man das Tempo verändert. Anfangs beginnen A und B mit einem langsamen Gehen, um dann ein bisschen später flotter auszuschreiten und schließlich sogar zu laufen (z. B. auf einem langen Flur).

Verschiedene Sinneserlebnisse ergänzen

B lässt A bestimmte Dinge ertasten: die Wand, einen anderen TN, den Vorhang, einen Baum.

B führt A an einen bestimmten Punkt und hält ihm eine leere Klopapierrolle vor ein Auge. A öffnet auf ein Kommando nur das eine Auge und blickt durch die Rolle auf das von B gewählte Objekt. Das kann eine Blüte sein, ein Stück der Heizung etc.

Austausch zu zweit oder im Plenum

Bitten Sie die TN, das Schweigen solange beizubehalten und sich erst dann auszutauschen, bis alle die Übung beendet haben. Beginnen Sie dann den Austausch zwischen den TN: Wie haben die einzelnen die Übung erlebt, wie schwer fiel es ihnen zu vertrauen und loszugehen? Was war verblüffend, interessant? Was haben sie erlebt?

Wirkung

Diese Übung hat meist eine sehr eindrückliche Wirkung, vor allem auf die Geführten. Viele sind erst sehr unsicher, genießen dann aber mit der Zeit diese ganz andere Art, die Umwelt wahrzunehmen – und sich einmal führen zu lassen.

Man kann das Spiel gut bei Seminaren oder Workshops zum Thema »Führung« einsetzen.

Brautschau

Zweck: Sinneswahrnehmung schulen

Dauer: 15 Minuten

Anzahl der Teilnehmer: mind. 10, gerade Anzahl

Hilfsmittel: Zettel mit Tiernamen

Vorbereitung: Pro TN einen kleinen Zettel mit einem Tiernamen beschriften, wobei jedes Tier in der Gruppe zweimal vorkommt. Die Zettel werden zusammengefaltet.

Beschreibung

Jeder TN zieht einen Zettel, den er den anderen nicht zeigen darf. Auf ein Kommando hin stellen alle gleichzeitig ihr Tier pantomimisch dar. Es geht darum, seinen jeweiligen Partner zu finden.

Wenn sich alle Paare gefunden haben, führt jedes Paar zusammen seine Bewegungen noch einmal vor. Die anderen raten dann, um welches Tier es sich handelt.

Wirkung

Das Beobachten der anderen ist ein Feuerwerk für die Sinne und macht müde TN wieder munter. Das Darstellen der Tiere und auch deren Erraten kann zwar schon eine kleine Herausforderung für die TN sein, oft ist es jedoch auch sehr spaßig.

Das Spiel kann man auch nutzen, um für eine nachfolgende Arbeit Paare zu bilden.

Denkmal blind bauen

Zweck: Tastsinn schulen

Dauer: 10 Minuten

Anzahl der Teilnehmer: mind. 4

> Diese Übung sollten Sie nur mit TN durchführen, die keine Hemmungen davor haben, sich gegenseitig zu berühren.

Beschreibung

Die TN bilden Paare. A dreht sich mit dem Rücken zu B, während dieser eine bestimmte Pose oder Haltung einnimmt.

Wenn B »Fertig« sagt, dreht sich A mit geschlossenen Augen um. Er muss nun durch das Abtasten des B dessen Pose oder Haltung herausfinden und sie dann selbst nachbilden.

B signalisiert A, wenn dieser richtig geraten hat. A kann dann die Augen öffnen und die beiden Haltungen miteinander vergleichen.

Lassen Sie mehrere Durchgänge spielen. Am Anfang können die Haltungen einfacher sein, um sich dann langsam zu steigern. Geben Sie Ihren TN den Tipp, nicht zu unbequeme Positionen einzunehmen. Wer kann z. B. schon 3 Minuten lang auf einem Bein stehen!

Wirkung

Die Übung macht meist großen Spaß und schult den Tastsinn der TN. Sich zwischendurch anzuschauen, wie die anderen Paare die Tastsituationen meistern, kann amüsant sein.

Drei Merkmale verändern

Zweck: Schärfung des Sehsinns, Achtsamkeit und Konzentration schulen, Energizer zwischendurch
Dauer: 7 Minuten
Anzahl der Teilnehmer: mind. 4

Verlauf

Jeweils zwei TN (im Folgenden A und B) setzen sich einander gegenüber und betrachten sich zwei Minuten.

Danach dreht sich A mit dem Rücken zu B, der daraufhin drei Dinge an sich verändert, z. B. an seiner Kleidung, seinen Haaren oder an seinem Schmuck.

Wenn B »Fertig« sagt, dreht sich A um und muss herausfinden, was der andere verändert hat.

Danach wird gewechselt: A verändert drei Dinge und B muss herausfinden, was es war.

Wirkung

Es ist selten, dass wir unser Gegenüber wirklich genau betrachten. Das wird bei dieser Übung gefordert. Interessanter Nebeneffekt: Sie zeigt den TN, worauf sie normalerweise achten und was ihnen weniger auffällt.

Möbelrücken

Zweck: Energizer zwischendurch, Sinneswahrnehmung trainieren
Dauer: 7 Minuten
Anzahl der Teilnehmer: mind. 6

Beschreibung

Alle TN werden aus dem Raum geschickt; der Trainer verändert Einiges im Raum. Er stellt z. B. Möbelstücke um, hängt ein anderes Flipchart auf, versteckt etwas, zieht einen Vorhang vor.

Danach werden die TN wieder hereingerufen. Sie müssen nun herausfinden, was geändert wurde. Dabei kann der Trainer verschiedene Varianten wählen:

- Jeder TN notiert für sich alleine, welche Veränderungen er entdeckt hat. Anschließend werden die Ergebnisse verglichen.
- Die TN werden in zwei Gruppen eingeteilt. Welche Gruppe als erste alle Veränderungen herausgefunden hat, hat gewonnen.

Es können auch schon vor der Übung Gruppen gebildet werden. Die eine Gruppe nimmt die Veränderungen im Raum vor, die andere muss raten. Dann wird gewechselt. Der Trainer ermittelt mit einer Zeitstoppuhr, welche Gruppe schneller ist.

Wirkung

Dieses Spiel ist eine kleine Übung für zwischendurch, mit der sich die TN bewusst machen können, wie genau oder ungenau sie Details ihrer Umgebung wahrnehmen.

Modespionage

Zweck: Schulung der Wahrnehmung, Beobachtung, Achtsamkeit
Dauer: 5 Minuten
Anzahl der Teilnehmer: mind. 4

Beschreibung

Die TN bilden Paare. Die Paare haben nun Gelegenheit, sich eine Weile zu unterhalten, ohne schon ihre genaue Aufgabe zu kennen.

Nach etwa 3 Minuten werden alle A-Partner vor die Tür geschickt. Die B-Partner bekommen die Aufgabe, möglichst genau aufzuschreiben, was ihr A-Partner anhatte.

Die A-Partner werden jetzt wieder hereingerufen. Alle B-Partner lesen jetzt laut ihre Modespionageberichte vor und diese werden mit der tatsächlichen Kleidung der A-Partner verglichen.

Wirkung

Mit dieser Übung kann man sich bewusst werden, wie aufmerksam man Details seines Gegenübers wirklich wahrnimmt – vor allem dann, wenn der Fokus auf etwas anderes gerichtet ist, wie z. B. auf den Inhalt des Gesprächs.

Postkarten beschreiben

Zweck: Schulung der Aufmerksamkeit, Schärfung der Sinne

Dauer: 15 Minuten

Anzahl der Teilnehmer: mind. 4

Hilfsmittel: Post- bzw. Kunstkarten mit ganz unterschiedlichen Motiven

Beschreibung

Die TN bilden Paare. Sie setzen sich mit ihren Stühlen Rücken an Rücken.

1. Phase: Karten beschreiben

Der Trainer gibt jedem A eine Karte so, dass B sie nicht sehen kann. A muss ihm nun diese Karte beschreiben. Er darf jedoch dabei nicht sagen, was darauf abgebildet ist, also keine Gegenstände oder Inhalte nennen. Er darf nur Formen, Farben und Stimmungen auf der Karte schildern.

Nach einiger Zeit wird gewechselt: Nun bekommt B eine Karte, die er nach diesen Regeln dem A beschreiben muss.

2. Phase: Karten finden

Wenn beide Runden abgeschlossen sind, sammelt der Trainer die Postkarten wieder ein und legt sie mit vielen anderen Karten vermischt auf den Boden oder auf einen Tisch.

Jeder TN muss jetzt versuchen, die Karte zu finden, die sein Partner beschrieben hat.

3. Phase: Auswertung im Plenum

Danach schildern die TN der Gruppe ihre Erfahrungen:

- Was hat es leicht oder schwer gemacht, die Karten zu beschreiben?
- Was hat es leicht oder schwer gemacht, die richtige Karte zu finden?

Wirkung

Dies ist eine ruhige Übung, in der die TN neue Erfahrungen machen, wie unterschiedlich Wahrnehmungen gemacht und kommuniziert werden können.

Rücken-Zoo

Zweck: Energieaufbau, Entspannung, Schärfung der Sinne
Dauer: 10 Minuten
Anzahl der Teilnehmer: mind. 4 oder 7 (je nach Variante)

> Diese Übung sollte man erst einsetzen, wenn sich die Gruppe bereits näher kennt. Da sie eine Massage beinhaltet, sollten Sie die TN fragen, ob sie offen sind für so einen direkten Körperkontakt.

Beschreibung

Dieses Spiel kann entweder in der Gruppe oder paarweise ausgeführt werden.

- In der Gruppe: Die Stühle werden in einem engen Kreis aufgestellt. Die TN setzen sich jeweils seitlich auf die Stühle, sodass die Stuhllehne an einer Seite und der Rücken frei ist. Das eine Bein wird unter der Armlehne durchgeschoben (so sie vorhanden ist), das andere zeigt in die Kreismitte, damit die Stühle möglichst eng aneinander stehen und jeder gut an den Rücken des TN vor ihm kommt.
- Paarweise: Es werden Paare gebildet. A setzt sich seitlich auf seinen Stuhl, sodass sein Rücken frei ist. B setzt sich bequem hinter den Rücken des A.

Haben alle TN eine bequeme Position eingenommen, beginnt der Trainer die folgende Geschichte. Er macht dabei die jeweils zugehörigen Bewegungen und »Massagetechniken« vor, die TN machen einfach mit.

Geschichte	Bewegungen
Als Erstes kommen die **Elefanten.**	Hände flach und fest auf den Rücken drücken, mit bedächtigen Bewegungen langsam heben und mit etwas Druck wieder aufsetzen
Vor den Elefanten laufen weg die kleinen **Mäuse.**	Mit den Fingern schnell über den Rücken laufen, von oben nach unten in alle Richtungen

Geschichte	Bewegungen
Als Nächstes kommen die **Schlangen.**	Finger aneinanderdrücken und mit den Fingerspitzen in Schlangenbewegungen über den Rücken streichen
Die Schlangen schlängeln schnell zur Seite, als die **Pferde** angetrappelt kommen.	Mit leicht gewölbten Händen und lockeren Handgelenken rechts und links von der Wirbelsäule auf den Rücken trommeln (die Wirbelsäule sollte ausgespart werden!)
Die Pferde galoppieren an den **Raubtierkäfigen** vorbei.	Die Hände zu Krallen formen, fest mit den Fingerspitzen auf den Rücken aufdrücken und dann leicht krallen
Und da kommen in der Ferne die heißersehnten ..., äußerst beliebten ... und schnuckeligen **Massagekängurus.**	Freies Massieren von Schultern und Rücken – hierfür einige Minuten Zeit lassen!

Danach wird gewechselt. Bei der Massage in der Gruppe drehen sich alle im Kreis um und massieren nun den Sitznachbar der anderen Seite. Bei der paarweisen Massage tauschen die Partner die Rollen.

Wirkung

Nach einer intensiven Arbeit oder als Zäsur zwischen zwei Seminarabschnitten können sich die TN mit einer solchen Massage entspannen, in Kontakt miteinander kommen und sich etwas Gutes tun. Danach fällt es leichter, wieder konzentriert an die Arbeit zu gehen.

Schütteldöschen

Zweck: schult den Gehörsinn, fördert die Gruppenfindung
Dauer: 5 Minuten
Anzahl der Teilnehmer: beliebig
Material: pro TN eine Filmdose mit Inhalt
Vorbereitung: Vor dem Spiel müssen Filmdosen mit unterschiedlichen Inhalten befüllt werden. Wie viele Filmdosen man braucht, bestimmt sich nach der angestrebten Gruppenanzahl und -stärke. Sollen es später 3 Gruppen mit jeweils 4 TN sein, so müssen 3 × jeweils 4 Dosen mit dem gleichen Inhalt befüllt werden, z.B. das erste Vierer-Set mit Haselnüssen, das zweite mit Streichhölzern, das dritte Set mit Büroklammern. Es ist gut, wenn die Geräusche, die dann beim Schütteln erzeugt werden, ein bisschen ähnlich sind, sonst ist es später zu einfach für die TN.

Beschreibung

Der Trainer mischt die vorbereiteten Dosen und stellt sie auf ein Tablett. Jeder TN nimmt eine seiner Wahl, ohne sie zu schütteln, also möglichst geräuschlos. Erst wenn alle eine Dose haben, stehen die TN auf und beginnen gleichzeitig damit, sie zu schütteln. Dabei gehen sie kreuz und quer im Raum herum und lauschen an den Dosen der jeweils anderen TN.

Ziel ist es, die TN zu finden, die die gleiche Befüllung haben. Hat man eine solche aufgespürt, merkt man es sich (ist also gleichzeitig eine Gedächtnisübung) und sucht noch weitere Dosen gleichen Inhalts. Wenn dann alle meinen, dass sie sämtliche

Dosen mit gleichem Inhalt gefunden haben, stellen sich deren Besitzer in einer Gruppe zusammen. Wichtig: Sie dürfen noch nicht die Deckel abmachen!

Nun beginnt die erste Gruppe und schüttelt die Dosen. Die Gruppenmitglieder raten, was wohl der Inhalt ist. Erst danach dürfen sie die Deckel öffnen und nachschauen. Dann beginnt die zweite Gruppe mit Schütteln und Raten.

Wirkung

Diese Übung schult den Gehörsinn. Sie eignet sich aber auch wunderbar für die Einteilung der TN in Gruppen – auch wenn sich manchmal herausstellt, dass doch jemand in der falschen Gruppe gelandet ist.

Spaziergang für die Sinne

Zweck: Sinneswahrnehmung schulen
Dauer: 45 Minuten
Anzahl der Teilnehmer: beliebig
Hilfsmittel: Flipchart

Beschreibung

Die TN bilden Paare. Im Plenum werden die einzelnen Sinnes-Phasen (siehe dazu näher unten) erklärt und auf einem Flipchart visualisiert.

Die Paare gehen dann hinaus in die Natur und beschäftigen sich nacheinander mit den Phasen. Für jeden Sinn werden ca. 5 Minuten eingeplant. A fängt an, B ist Begleiter und Partner. Entweder durchläuft erst A alle Phasen und anschließend B, oder es wird in jeder Sinnes-Phase jeweils gleich gewechselt.

Während der Übung wird nicht gesprochen.

Nach jeder Phase tauschen sich A und B zwei Minuten aus, wie sie jeweils erlebt wurde.

1. Phase: Sehen

A konzentriert sich ganz auf das Sehen, versucht alle anderen Sinne auszuschalten.

2. Phase: Tasten, Fühlen, inneres Spüren

In dieser Phase schließt A die Augen und lässt sich von B führen oder geht ohne Körperkontakt, wobei B aufpasst. B lässt A bestimmte Dinge fühlen und ertasten: eine Wand, einen Baum, einen Strauch, ein (stehendes!) Auto etc.

3. Phase: Hören

In dieser Phase sollten zeitweise die Augen geschlossen sein. Es ist interessant wahrzunehmen, wie sich das Hören verändert – je nachdem, ob man die Augen geschlossen oder geöffnet hat.

4. Phase: Schmecken

Hier muss man nichts Essbares parat haben. Das Schmecken kann auch in der inneren Vorstellung geschehen: Wie würde diese Wiese schmecken, dieses Holz etc.? Es gilt, sich ganz auf diesen Sinn zu konzentrieren.

5. Phase: Riechen

Auch hier kann man experimentieren und sich mal mit offenen und mal mit geschlossenen Augen auf das Riechen konzentrieren. Können die TN einen Unterschied feststellen?

Oft möchten sich die TN danach auch noch einmal in der Gesamtgruppe über ihre Erfahrungen austauschen und sie miteinander vergleichen.

Wirkung

Eine so lange, durch die Sinneseindrücke jedoch sehr aktivierende Übung macht sicher nur Sinn im Rahmen von Veranstaltungen, die etwas mit Wahrnehmung und Sinnesschulung zu tun haben. Wir haben sie aber auch in Seminaren durchgeführt, in denen es um das Thema »Lernen mit allen Sinnen« oder andere Lernthemen ging. Man kann die Übung gut in eine Pause integrieren.

Tast-Memory

Zweck: Schulung des Tastsinns
Dauer: 5 bis 7 Minuten
Anzahl der Teilnehmer: mind. 4
Hilfsmittel: Bierdeckel mit verschiedenen Materialien beklebt

Vorbereitung: Jeweils 2 Bierdeckel werden mit dem gleichen Material beklebt, z. B. mit Stoff oder Wellpappe, Schmirgelpapier, Plastikfolie usw. Es sollten mind. 8 Bierdeckelpaare vorhanden sein.

Beschreibung

Die TN bilden 4- bis 5-köpfige Gruppen. Die Mitglieder der ersten Gruppe setzen sich mit geschlossenen oder verbundenen Augen um einen Tisch oder auf den Boden.

In der Kreismitte liegen die vorbereiteten Bierdeckel. Aufgabe der TN ist es nun, mithilfe des Tastens jeweils zwei zusammengehörige Deckel zu finden.

> Wichtig ist, dass mindestens ein »Sehender« dabei sitzt und kontrolliert und bestätigt, ob das ausgewählte Paar richtig ist.

Anders als beim klassischen Memory geht es hier nicht der Reihe nach, sondern alle wühlen gleichzeitig in dem Haufen und suchen Paare.

Wirkung

Es ist eine interessante Erfahrung festzustellen, dass es gar nicht so leicht ist, die Unterschiede oder Gemeinsamkeiten zu ertasten. Zudem wird hier das Kind in den TN geweckt. Sie sind begierig, möglichst viele Sets zu finden und reißen sich um die Bierdeckel – was sehr aktivierend wirkt.

Neue Energie durch Bewegung

Es ist wissenschaftlich erwiesen: Körperliche Bewegung erhöht die geistige Leistungsfähigkeit. Diese Erkenntnis können Sie auch in Seminaren und Workshops nutzen, und zwar mit Bewegungsspielen. Die folgenden Übungen bringen die Teilnehmer in Schwung – und sie machen zudem auch noch Spaß.

An der Nase herumführen

Zweck: Spaß, Bewegung mit Körperkontakt

Dauer: 10 Minuten

Anzahl der Teilnehmer: mind. 10

> Dieses Spiel erfordert zum Teil Körperkontakt. Es wird daher besser erst eingesetzt, wenn sich die TN schon etwas kennen und Sie als Trainer festgestellt haben, dass es sich um eine spielfreudige Gruppe handelt.

Beschreibung

Alle TN bewegen sich frei im Raum. Der Trainer ruft ihnen eine Redewendung zu. Die TN müssen diese wörtlich nehmen und auch so ausführen (wobei man manche vielleicht nur andeuten sollte ...). Es bieten sich folgende Redewendungen an, die natürlich nicht alle durchgespielt werden sollten. Am besten ist eine Mischung aus harmlosen, einfachen und solchen, die eine kleine Herausforderung darstellen.

- Jemanden auf den Arm nehmen
- Jemandem auf den Zahn fühlen
- Jemanden an der Nase herumführen
- Jemanden übers Ohr hauen
- Jemandem Steine in den Weg legen
- Jemandem kräftig in die Suppe spucken
- Jemanden aufs Kreuz legen

- Jemandem die Zähne zeigen
- Jemanden anbeten
- An den Haaren herbeigezogen
- Den Buckel runterrutschen
- Jemandem den Mund stopfen
- Auf die leichte Schulter nehmen
- Sich ins Fäustchen lachen
- Augenwischerei betreiben
- Jemanden mitreißen
- Jemanden wachrütteln
- Hindernisse aus dem Weg räumen
- Jemandem unter die Arme greifen
- Jemandem auf die Beine helfen

Alle laufen kreuz und quer durch den Raum und setzen die Redewendung auf ihre Art um.

Wirkung

Dies ist ein sehr lebhaftes Spiel, das viel Gelächter mit sich bringt und die Kreativität der TN fordert. Es ist lustig, sich einmal bewusst zu machen, was so manche Redensart eigentlich wörtlich bedeutet. Oft benutzen wir Redensarten aus Gewohnheit, ohne dass wir dabei ein konkretes Bild vor Augen haben. Das wird sich nach diesem Spiel ändern.

Bälle-Hin-und-her

Zweck: Energieaufbau, Förderung der nonverbalen Kommunikation

Dauer: 5 bis 10 Minuten

Anzahl der Teilnehmer: unbegrenzt, gerade Zahl

Hilfsmittel: pro TN ein kleiner Ball

Beschreibung

Die TN bilden Paare. Sie stehen sich gegenüber. Jeder hat einen Ball in der Hand.

- Zuerst wirft jeder für sich selbst den Ball von der einen Hand in die andere, immer hin und her, im gleichen Rhythmus.
- Dann wirft jeder den Ball in die eigene linke Hand, dann in die rechte und dann zum Partner gegenüber. Dabei sollte sich zwischen den Partnern ein gleicher Rhythmus einpendeln.
- Noch schwieriger wird es, wenn sich die Partner den Ball überkreuzt zuwerfen. Das geht einfacher, wenn der eine auf der linken Seite und der andere auf der rechten Seite beginnt.

Wirkung

Es geht darum, zuerst seinen eigenen Rhythmus zu finden und dann in einen gemeinsamen Rhythmus mit dem Partner zu kommen. Dazu muss man sich auf den anderen einstellen. So wird eine sensible Wahrnehmung gefördert. Beim Fangen ebenso wie beim bewussten Zuwerfen, um dem anderen das Fangen zu erleichtern.

Die Partner müssen dazu miteinander kommunizieren. Das fördert die sensible Wahrnehmung des anderen. Zudem schult es die Konzentration und macht aufgrund der Bewegung und der Spannung, ob es klappt, wach.

Blinzeln

Zweck: Bewegung, Konzentration, Spaß
Dauer: 5 Minuten
Anzahl der Teilnehmer: mind. 11, ungerade Anzahl

Verlauf

Es wird ein Stuhlkreis gebildet. Die Hälfte der TN steht als Stuhlbewacher hinter den Stühlen, die andere Hälfte sitzt auf den Stühlen. Ein Stuhl ist leer, er hat jedoch einen Stuhlbewacher.

Die Stuhlbewacher müssen die Hände hinter ihrem Rücken halten. Derjenige, der hinter dem leeren Stuhl steht, versucht nun mittels Blinzeln einen der sitzenden TN auf seinen Stuhl zu locken. Wird ein TN angeblinzelt, versucht dieser sein Möglichstes, auf den leeren Stuhl zu kommen. Wenn der Stuhlbewacher des Flüchtigen das mitbekommt, darf er seine Hände nach vorne nehmen und versuchen, ihn zu halten. Wenn er ihn hält, dann muss der TN dort sitzen bleiben. Wenn er ihm entwischt, muss er selbst einen neuen herbeiblinzeln.

Nach einer Weile tauschen die Sitzenden und die Bewacher ihre Rollen.

> Bei diesem Spiel kann es sehr lebhaft zugehen und richtig spannend werden. Weisen Sie allzu eifrige TN daraufhin, nicht zu fest zuzupacken, damit kein T-Shirt zerreißt und niemand blaue Flecken bekommt.

Wirkung

Dieses lebhafte Spiel, das viel Spaß macht, ist ein altes Jugendherbergs- bzw. Pfadfinderspiel, dem ich in Seminaren wieder begegnete. Gefragt sind hier Konzentration und Reaktionsschnelligkeit.

Body Percussion

Zweck: Bewegung, Förderung der Konzentration, Wachwerden, Energie erzeugen
Dauer: 5 Minuten
Anzahl der Teilnehmer: beliebig

Beschreibung

Alle stehen im Kreis und klatschen im gleichen Rhythmus:

1. pap – in die Hände klatschen
2. pa-pap – auf die rechte und linke Brustseite schlagen

3. pa pap – auf den rechten und linken Oberschenkel schlagen
4. Mit dem rechten und dann mit dem linken Fuß trampeln

Man beginnt in einem gemäßigten Rhythmus und lässt so erst einmal die Energie wirken, die durch das gemeinsame Klatschen entsteht. Später kann man das Ganze schneller machen. Dabei sollte jedoch darauf geachtet werden, dass alle im gleichen Rhythmus klatschen.

Wirkung

Die Übung hat eine sehr energetisierende Wirkung. Durch das Gleichmaß entsteht ein tolles Gruppengefühl. Geht etwas schief, hat das Spiel auch eine amüsante Komponente.

Durch die Steppe reiten

Zweck: Action, Bewegung, Rhythmus, Wachwerden, Spaß
Dauer: 5 Minuten
Anzahl der Teilnehmer: beliebig
Hilfsmittel: rhythmische Musik

Beschreibung

Die folgenden Bewegungen müssen nicht vorher eingeübt werden; die TN können gleich das mitmachen, was der Trainer vormacht – oder danach eigene Bewegungen erfinden und improvisieren.

Alle bilden einen Kreis. Der Trainer macht den TN zunächst die Grundbewegung vor, die während der gesamten Übung ausgeführt wird: Alle »reiten« im Rhythmus der Musik, indem sie in den Knien wippen.

Nun kommen weitere Bewegungen hinzu:

1. Arme anwinkeln, Oberkörper rhythmisch zur linken Seite drehen und zweimal nachfedern, dann zur rechten Seite wiederholen – mehrmals hin- und herwechseln
2. Schultern im Rhythmus hochziehen und fallen lassen, mal beide Schultern zugleich, später dann einzeln erst die rechte, dann die linke Schulter
3. Abwechselnd den rechten und den linken Arm nach oben schleudern
4. Arme von vorne nach hinten kreisen lassen, dann das gleiche in die andere Richtung wiederholen

Sie und die TN können sich auch einfach der mitreißenden Musik überlassen und eigene Bewegungen erfinden. Es geht hier um die schwungvolle Bewegung, nicht um das Erlernen bestimmter Abfolgen oder Rhythmen wie bei anderen Übungen.

Wirkung

Nach diesem Spiel sind garantiert wieder alle wach und fit! Die Bewegungen werden mit Schwung und Elan ausgeführt, der Körper wird mit Spaß und Freude bewegt, unterstützt durch rhythmische Musik.

Ebbe und Flut

Zweck: Bewegung, Spaß

Dauer: 5 Minuten

Anzahl der Teilnehmer: mind. 7

> Für dieses Spiel müssen die TN bereit sein, sich auf den Boden zu setzen oder zu legen.

Beschreibung

Bei diesem Spiel bewegen sich die TN auf bestimmte Stichworte hin. Die Stichworte liefert eine Geschichte, die vom Trainer begonnen wird.

- Die TN führen die in der Story erwähnten Bewegungen aus: gehen, hüpfen etc.
- Jedes Mal, wenn in der Geschichte das Wort »Ebbe« auftaucht, müssen sich alle Spieler auf den Boden legen (oder setzen).
- Bei dem Begriff »Flut« müssen alle zusehen, so schnell wie möglich mit den Füßen vom Boden fortzukommen, indem sie z. B. auf Stühle oder Tische steigen.

Wer zuletzt oben ist oder die falsche Bewegung gemacht hat, erzählt die Geschichte weiter.

Der Trainer kann die Geschichte z. B. so beginnen:

»Sie machen mit Ihrer Familie eine Woche Urlaub an der Nordsee. Sie gehen am ersten Morgen freudig zum Strand und stellen enttäuscht fest, dass gerade Ebbe ist. ‚Wann kommt denn die Flut zurück?', fragt Sie Ihre Tochter. Hm, das wissen Sie auch nicht so genau. Also sprechen Sie den nächsten Menschen an, dem Sie begegnen. Er sieht aus wie ein Einheimischer. Der muss ja wissen, wann die Flut kommt. Also grüßen Sie ihn und fragen ...«

Wirkung

Dieses Spiel erzeugt viel Bewegung und Gelächter. Die TN müssen sich auf den Text konzentrieren, damit sie sich richtig verhalten. Zusätzlich lernen sie, aus dem Stand eine unsinnige Geschichte zu erzählen, wenn sie den Part des Erzählers übernehmen müssen.

Evolutionsspiel

Zweck: Bewegung, Auflockerung, Spaß
Dauer: ca. 20 Minuten
Anzahl der Teilnehmer: mind. 8
Hilfsmittel: Flipchart mit den Spielregeln

Beschreibung

In diesem Spiel geht es um die Entwicklung von der Amöbe zum Mensch. Jeder Entwicklungsstufe ist eine bestimmte Bewegung zugeordnet.

Entwicklungsstufe		Bewegung
1. Stufe	Amöbe	Mit den Händen eine Brille vor den Augen formen
2. Stufe	Krokodil	Mit gestreckten Armen das Krokodilmaul auf und zu klappen
3. Stufe	Adler	Mit den Armen schwingende Flügel darstellen
4. Stufe	Affe	Sich auf die Brust trommeln
5. Stufe	Mensch	Telefonieren

Die TN bewegen sich frei im Raum. Sie führen die Bewegung ihrer jeweiligen Entwicklungsstufe aus. Alle beginnen auf der gleichen Stufe als Amöbe. In die nächste Stufe können sie jeweils nur gelangen, wenn sie das Spiel Drache – Prinz – Prinzessin (siehe hierzu die gleichnamige Übung im Kapitel »Munter werden durch Spaß und Blödelei«) gewinnen, das sie mit einem Partner spielen. Man kann nur mit denjenigen TN spielen, die sich auf der gleichen Entwicklungsstufe befinden (z. B. Adler mit Adler, nicht Adler mit Affe).

Von jeder Evolutionsstufe bleibt schließlich einer übrig, weil er keinen Spielpartner mehr findet. Er scheidet dann aus dem Spiel aus.

Wirkung

Bei diesem Spiel geht es sehr lebhaft zu, weil alle TN gleichzeitig aktiv sind. Da die Regeln ein wenig kompliziert sind, empfiehlt es sich, sie auf einem Flipchart zu visualisieren. Im Prinzip ist es aber auch nicht entscheidend, wenn die Regeln nicht eingehalten werden, denn es geht ja vor allem darum, dass die TN in Bewegung kommen und miteinander lachen.

Funken

Zweck: Bewegung, Reaktionsschnelligkeit
Dauer: 5 Minuten
Anzahl der Teilnehmer: mind. 8

Beschreibung

Die TN sitzen im Stuhlkreis. Ein TN (im Folgenden X) beginnt zu »funken«. Dazu hält er beide Hände rechts und links an den Kopf und winkt mit den Händen. Seine beiden Nachbarn A und B sind die Nebensender und heben die jeweilige benachbarte Hand und winken (funken) ebenfalls damit: der rechte Nachbar also mit der linken Hand, der linke Nachbar mit der rechten Hand.

X zeigt mit ausgestrecktem Arm auf einen anderen TN. Der nimmt sofort beide Hände hoch, winkt mit den Händen (funkt) und zeigt auf den nächsten. Seine beiden Nachbarn müssen ebenfalls sofort reagieren. Das Ganze wird auf Tempo gespielt. Wenn jemand einen Fehler macht, scheidet er aus und macht dies deutlich, indem er die Arme verkreuzt. Sein nächst sitzender Nachbar übernimmt nun seinen Funkjob und muss die entsprechende Hand heben und winken.

Wirkung

Diese Übung ist ein Konzentrationsspiel für zwischendurch, bei dem es um Reaktionsschnelligkeit geht. Es ist manchen vielleicht noch aus der Jugendzeit bekannt, macht aber auch Erwachsenen immer noch Spaß.

Ja-Nein-Kreis

Zweck: Konzentration, Bewegung, Dampf ablassen
Dauer: 5 bis 10 Minuten
Anzahl der Teilnehmer: mind. 10

Beschreibung

Die TN stehen in einem großen Kreis. Sie sollten so weit auseinanderstehen, dass jeder seitlich einen Arm ausstrecken kann. Wenn der Raum dafür zu klein ist, bietet sich ein Wechsel nach draußen an – vorausgesetzt, dort gibt es keine direkten Nachbarn, die sich bei der Lautstärke erschrecken könnten

Zuerst wird die Ja-Runde eingeübt. Der Trainer fängt an und gibt das »Ja« an seinen rechten Nachbarn weiter, sodass es einmal im Kreis die Runde macht. Der jeweilige Ja-Sager streckt den rechten Arm aus und schleudert ihn mit flacher Hand zum rechten Nachbarn (gleich einem Karateschlag, der ein Brett durchschlagen soll), stampft dabei mit dem rechten Fuß auf und ruft, so laut er kann, »Ja«. Dabei sollte er dem rechten Nachbarn in die Augen schauen.

Die gleiche Bewegung übt man dann links herum, wobei der linke Arm gestreckt wird und mit dem linken Fuß aufgestampft wird.

Wenn der Ablauf ein paar Mal geübt wurde, kommt das Nein ins Spiel. Wenn ein Spieler »Nein« sagt, dreht er sich mit dem Körper zu dem TN, der das Ja zu ihm schickte, reißt beide Arme hoch und schreit »Nein«. Das Nein stoppt die Ja-Runde. Der damit Konfrontierte muss dann rasch reagieren, sich zur anderen Seite drehen und sein Ja zur anderen Seite zurückschicken.

Der Trainer sollte anregen, dass die TN nicht zu oft Nein rufen, denn dann geht leicht etwas von der Energie verloren, die entsteht, wenn das Ja schnell und kraftvoll weitergeschickt wird.

Zwei Nein direkt nacheinander sind nicht möglich.

Wirkung

Es erfordert Konzentration von allen TN, damit diese Übung schnell und ohne Stocken abläuft. Erst dann entfaltet sie eine ganz besondere Energie, die alle ansteckt.

Manchen TN macht es große Mühe, laut zu brüllen oder mit dem Fuß aufzustampfen, anderen macht das Dampfablassen, das dieses Spiel ermöglicht, riesigen Spaß. Manchen ist es zu aggressiv, andere bekommen dabei so richtig Power.

Natürlich machen die TN bei diesem Spiel auch »Fehler«, reagieren nicht schnell genug, nehmen den falschen Arm etc. Und oft biegen sie sich dann vor Lachen, was ich bei anderen Spielen ja durchaus fördere und befürworte. Dieses Spiel entfaltet aber erst dann so richtig seine energieaufbauende Wirkung, wenn es zügig ein paar Runden läuft. Es hängt davon ab, was Ihr Ziel mit dieser Übung ist. Wenn sie einfach eine Energieaufbauübung zwischendurch sein soll, können Sie es natürlich lockerer handhaben. Geht es dagegen wirklich um eine Konzentrationsübung, sollten Sie die TN entsprechend anleiten.

Köln oder Sahara

Zweck: Kennenlernen, Bewegung, Kontakt
Dauer: 15 Minuten
Anzahl der Teilnehmer: mind. 10
Hilfsmittel: Musik

Beschreibung

Die TN stehen frei im Raum. Jeder entscheidet sich im Stillen für eine Alternative: für Sonne oder für Regen. Die Musik beginnt, und alle TN laufen nun im Raum herum. Wenn der Trainer die Musik stoppt, sucht sich jeder den Partner, der ihm am nächsten ist.

- Wer Regen gewählt hat, trommelt mit seinen Fingerspitzen dem Partner auf den Arm oder auf den Kopf.
- Wer sich für Sonne entschieden hat, wärmt den anderen, z. B. mit einer Umarmung oder indem er seine Hände auf den Arm des Partners legt oder dies im Abstand vom Körper des anderen nur andeutet.

In der Variante mit Körperkontakt wird das Spiel besser erst eingesetzt, wenn sich die TN schon etwas kennen und Sie als Trainer festgestellt haben, dass es sich um eine spielfreudige Gruppe handelt.

Der Trainer kann nun Aufgaben stellen:

- Treffen zwei Sonnen oder zwei Regen aufeinander, sollen die Partner eine Gemeinsamkeit herausfinden. Danach verwandeln sich beide in das Gegenteil (also eine Sonne in Regen und umgekehrt).
- Trifft Sonne auf Regen, dann suchen die Partner im Gespräch Gegensätze, die sie voneinander unterscheiden. Nach dem Gespräch bleiben sie in ihren Rollen (Sonne bleibt Sonne, Regen bleibt Regen).

Wirkung

Mit dieser Übung lernen sich die TN noch ein wenig mehr kennen und erfahren etwas voneinander. Gleichzeitig stehen sie auf und kommen in Bewegung – eine gute Unterbrechung bei langer Kopfarbeit.

Kreuzbeinkampf

Zweck: Austoben, Kraft erproben

Dauer: 5 Minuten

Anzahl der Teilnehmer: mind. 4

Beschreibung

Es werden Paare gebildet, bei denen die Partner in etwa gleich groß und schwer sein sollten. Es kommt aber nicht auf den Millimeter oder das Gramm an. Alle Paare stellen sich jeweils Rücken an Rücken in einer Reihe in der Mitte des Raums auf. Sie gehen leicht in die Knie und berühren sich mit dem unteren Rücken (dem Kreuzbein-Bereich). Dabei sollten beide Rücken gerade sein.

Auf ein Startzeichen des Trainers versucht nun jeder, seinen Partner über die Mitte des Raumes hinauszuschieben – bis hin zur anderen Raumseite. Aber Vorsicht, nicht gegen die Wand drücken!

Der Trainer kann den TN folgende Tipps geben: Man hat mehr Kraft, wenn man bei Anstrengung ausatmet, statt den Atem anzuhalten. Ganz wirkungsvoll ist es, direkt beim Losschieben auch einen lauten (Karate-)Schrei tief aus dem Bauch heraus auszustoßen. Das gibt einem selbst mehr Energie – während es den anderen vielleicht für einen Augenblick erschreckt. Und es macht Spaß!

> Bei Holzfußböden kann das Spiel schon einmal eine rutschige Angelegenheit werden. Mit Gummisohlen oder barfuß geht es am besten.

Wirkung

Hier können die TN auf ungefährliche Art und Weise ihre Kräfte messen und auch ein wenig Dampf ablassen. Sie brauchen dazu genug Platz im Raum – oder Sie führen das Spiel im Freien, z. B. auf einer Wiese, durch.

Maschine bauen

Zweck: Bewegung, Spaß, Förderung der Kreativität
Dauer: 5 bis 7 Minuten
Anzahl der Teilnehmer: mind. 8

Beschreibung

Alle stehen auf der einen Seite des Raumes, auf der anderen Seite ist die leere »Bühne«, auf der nach und nach eine aktive Maschine unter Mitwirkung aller TN entstehen soll. Ein TN beginnt. Er geht auf die Bühne und macht eine Bewegung und ein Geräusch dazu.

BEISPIEL

Er stampft immer wieder mit dem Fuß auf und sagt dazu »Bumm« oder macht ein Geräusch (»Pffftt«).

Ein zweiter TN gesellt sich zu ihm und macht ebenfalls eine Bewegung und ein Geräusch. Dabei sollte er eine Verbindung zum ersten TN herstellen, sodass sie nicht einfach unverbunden nebeneinander stehen.

BEISPIEL

Er macht mit seinem rechten Arm eine vor und zurück wiegende Pumpbewegung, die direkt über das Bein des ersten TN führt. Oder er tippt immer mit dem Zeigefinger leicht auf den Arm des anderen und ruft dabei »Ping«.

Nach und nach kommen alle TN nach vorne, bis sie gemeinsam eine Maschine voller Bewegung und Geräusche darstellen. Nun darf sich immer jeweils ein TN aus der Maschine lösen und sich das Ganze von außen anschauen. Danach geht er wieder in die Maschine zurück, nimmt seinen alten Platz ein, und der Nächste darf das Schauspiel beobachten.

Achten Sie darauf, dass die einzelnen TN, die sich das von außen anschauen, nicht zu lange draußen bleiben. Es wird sonst sehr langatmig und anstrengend.

Wirkung

Nach und nach stellen alle TN gemeinsam mit viel Kreativität und sicherlich auch einer Menge Spaß eine bewegte Maschine zusammen. Die TN kommen dadurch in (engen) Kontakt.

Pferderennen

Zweck: Bewegung, Energie tanken, Müdigkeit überwinden

Dauer: 5 Minuten

Anzahl der Teilnehmer: beliebig

Beschreibung

1. Variante: Pferderennen (nach Louis Sterck)

Alle sitzen auf Stühlen im Kreis. Der Trainer gibt die jeweiligen Kommandos, die alle dann gemeinsam ausführen. Er kann dazu nur kurz die Bewegungskommandos unten geben oder sie in eine Geschichte kleiden.

Es beginnt mit normalem **Reiten**	Die TN klatschen abwechselnd in die Hände und mit den Händen auf die Oberschenkel
Kaktus	Aufstehen, Arme zurückreißen, wie ein Reiter es mit Zügeln tun würde, rufen: »AH!«
Sandbusch	Hände um den Kopf legen, Kopf nach links kippen und »Busch« rufen
Doppelbusch	Hände um Kopf legen, Kopf nach links und rechts kippen und zweimal »Busch« rufen
Klapperschlange	Stuhl seitlich am Sitz fassen und mit dem Stuhl nach oben springen
Verfolgung durch Ranger	Schneller klatschen

2. Variante: Kamelrennen (von Zamyat M. Klein)

Kamelreiten	Rechte Hand mit der Handoberfläche nach unten nach vorne abknicken, linke Hand mit der Handfläche nach oben über die linke Schulter nach hinten strecken, mit dem Oberkörper vor und zurück wiegen
Skorpion	Ein Bein nach vorne strecken (als Skorpion-Stachel)
Sandsturm	Heftig mit den Armen wedeln und Windgeräusche machen
Sandviper	Aufstehen und zur Seite springen
Wasserbrunnen	Mit den Fingern an den Lippen Blubbergeräusche machen
Andere Karawane	Heftiges Winken

Sie sehen an den Beispielen, wie einfach es ist, eigene Varianten zu entwickeln. Erfinden Sie neue Begriffe und Bewegungen, die mit dem jeweiligen Seminarthema zu tun haben.

Wirkung

Das Spiel macht wach und gute Laune, weil es sehr albern ist und die TN in Bewegung kommen.

Schulter-Domino

Zweck: Bewegung, Förderung der Konzentration, Wachwerden
Dauer: 5 Minuten
Anzahl der Teilnehmer: mind. 8

Beschreibung

Alle bilden stehend einen Kreis und lassen die Arme seitlich locker hängen. Der Trainer beginnt, indem er heftig einatmet und dabei seine beiden Schultern so hoch zieht, wie nur möglich. Sein linker Nachbar macht das Gleiche. Die Bewegung wird fortgeführt von dessen linken Nachbarn usw. Einatmen und Schulternhochziehen pflanzen sich also im Kreis fort – zuerst nach links, im Uhrzeigersinn.

Alle ziehen nacheinander die Schultern hoch und lassen sie solange oben (halten aber nicht unbedingt solange den Atem an), bis die Bewegung wieder bei dem Trainer angekommen ist. Dieser atmet hörbar aus (es ist entspannend, dabei einen lauten ausatmenden Ton zu machen) und lässt seine Schultern sinken. Auch das pflanzt sich dann nach links weiter fort. Nacheinander atmen alle aus und lassen die Schultern sinken.

Das erfordert Konzentration. Oft lassen zwei TN gleichzeitig die Schultern fallen oder es kommt zu Stockungen. Ziel der Übung ist es, dass die Bewegung schnell und in einem gleichmäßigen Rhythmus die Runde macht, einer nach dem anderen.

Nachdem die Übungsrunde abgeschlossen ist, geht es richtig los: Die Runde geht links herum, anschließend geht es rechts herum. Der Trainer fordert die TN auf, noch schneller zu werden. In erhöhtem Tempo geht es noch mal nach links und nach rechts.

Dann kommt eine weitere Steigerung: Nun werden beide Schultern einzeln gehoben und gesenkt. Geht die Bewegung links herum, wird erst die rechte Schulter, dann die linke gehoben, sowohl beim Ein- als auch beim Ausatmen. Geht der Kreis rechts herum, beginnen alle mit der linken Schulter. Das ist für jeden eine Herausforderung, der gerne rechts mit links verwechselt.

Wirkung

Bei dieser Übung wird viel gelacht; sie lockert die Stimmung in der Gruppe schnell und ist ein guter Eisbrecher. Ich setze sie daher meist am Anfang eines Seminars ein, auch in kurzen Workshops, in denen sich noch niemand kennt.

Die Übung ist zudem auch eine Konzentrationstechnik, da alle schnell und zum richtigen Zeitpunkt reagieren müssen. Und Konzentration ist eine wichtige Voraussetzung fürs Lernen.

Sie tut aufgrund ihrer Bewegungen gut bei verspannter Nacken- und Schultermuskulatur. Es kann auch sein, dass sich mit ihr das Zwerchfell entspannt, weil man lachen muss. Das ist erlaubt und sogar erwünscht.

Stühlerutschen

Zweck: Action, Bewegung, Förderung der Konzentration

Dauer: 5 Minuten

Anzahl der Teilnehmer: mind. 8

Beschreibung

Alle sitzen auf eng zusammenstehenden Stühlen, die einen Kreis bilden. Ein Stuhl bleibt leer. Ein TN steht in der Mitte des Kreises. Auf das Kommando des Trainers (»Los!«) rutschen die TN von Stuhl zu Stuhl, immer rechts herum. Die Stühle dürfen dabei nicht mit den Händen berührt werden.

Der TN in der Mitte versucht, einen freien Platz zu ergattern. Das ist nicht so einfach, wenn die anderen aufpassen und schnell weiterrutschen. Wenn es ihm gelingt, muss derjenige TN in die Mitte, der nicht rasch genug nachgerutscht ist.

Wirkung

»Stühlerutschen« ist ein Spiel für Kinder, aber auch in Seminaren und Workshops sehr beliebt. Es bietet Tempo, Spaß; allerdings erfordert es dabei auch Körperkontakt. Sie müssen daher schauen, ob das für Ihre TN passt.

Stuhlkippen

Zweck: Bewegung, Konzentration, Gruppenrhythmus finden
Dauer: 5 Minuten
Anzahl der Teilnehmer: mind. 8

Beschreibung

Es wird ein Stuhlkreis gebildet. Die TN stehen hinter den Lehnen der Stühle. Jeder hält die Stuhllene so mit der rechten Hand, dass der Stuhl nur noch auf den Hinterbeinen steht. Auf das Kommando des Trainers »Und los!«, lassen alle ihren Stuhl los, gehen einen Stuhl weiter und versuchen dabei, dessen Lehne zu erwischen, bevor er auf alle vier Beine kippt. Nach einer Weile wird das Tempo erhöht.

In einer zweiten Runde verschärfen sich die Regeln: Es wird kein Kommando mehr gegeben, die Gruppe muss stumm ihren Rhythmus finden.

Variante

Wenn ein Stuhl umkippt, müssen alle wieder zu ihrem Ausgangsstuhl zurück.

Wirkung

Hier kommen die TN in Bewegung. Gleichzeitig geht es darum, sich gemeinsam als Gruppe zu koordinieren, was nicht so einfach ist.

Ungeheuer-Laufen

Zweck: Bewegung, Spaß

Dauer: 5 Minuten

Anzahl der Teilnehmer: mind. 8

Hilfsmittel: Musik

> Dieses Spiel erfordert Körperkontakt. Es wird daher besser erst eingesetzt, wenn sich die TN schon etwas kennen und Sie als Trainer festgestellt haben, dass es sich um eine spielfreudige Gruppe handelt.

Beschreibung

Die TN bilden Paare. Jeder fasst seinen Partner am Fußknöchel – auf diese Weise müssen sich beide zur nächsten Wand bewegen. Welches Paar ist als erstes an der Wand und hat gewonnen?

Bei größeren Gruppen und in kleineren Räumen lasse ich immer nur jeweils zwei Paare gegeneinander antreten. In einer zweiten Runde messen sich dann die Gewinnerpaare miteinander, bis im Finale die endgültigen Gewinner übrig bleiben.

Wirkung

Dieses Aktivierungsspiel mit körperlichem Einsatz ist witzig anzusehen und bringt daher eine Menge Spaß. Es erfordert aber auch eine gewisse Gelenkigkeit. Die TN sollten keine Scheu haben, die Kollegen am Fußknöchel zu fassen. Sie sollten sich daher auch schon ein bisschen besser kennen.

Wach gähnen

Zweck: Wiedererlangen von Konzentration und Wachheit
Dauer: 3 Minuten
Anzahl der Teilnehmer: beliebig

Beschreibung

Der Trainer öffnet weit alle Fenster im Seminarraum. Er fordert die TN auf, so laut, lange und herzhaft zu gähnen, wie sie wollen und können. Und sich dabei zu strecken und zu recken, was das Zeug hält. Er selbst macht natürlich heftig mit. Wenn alle gleichzeitig gähnen, verlieren die TN die Hemmungen und können sich so richtig ausgähnen.

Wirkung

Wenn Sie merken, dass die TN oder womöglich sogar Sie selbst dauernd verstohlen gähnen, dann ist es an der Zeit für diese

Übung – sei es nach der Mittagspause oder auch einmal zwischendurch. Danach sind die TN wieder fit.

In unserer Kultur ist Gähnen leider verpönt. Es gilt als unhöflich, weil es angeblich Langeweile signalisiert. Tatsächlich ist es Sauerstoffmangel, der uns zum Gähnen bringt. Gähnen behebt jedoch nicht nur diesen Mangel in unserem Körper. In einem Yogabuch fand ich den Hinweis, dass Gähnen auch die feinstofflichen Energiebahnen (auch Nadis genannt) reinigt und öffnet. Das bedeutet, dass damit die Energie wieder zum Fließen kommen kann.

Wenn man versucht, sich das Gähnen zu verkneifen, stockt die Energie, und man muss weiter gegen den Gähnreiz und die Müdigkeit ankämpfen. Kämpfen kostet jedoch weitere Energie. Warum also ihr nicht lieber erlauben, frei zu strömen und die Konzentration zu erhöhen, statt sie durch Kämpfe zu absorbieren?

Wäscheklammern jagen

Zweck: Bewegung, Spaß
Dauer: 5 bis 10 Minuten
Anzahl der Teilnehmer: mind. 8
Hilfsmittel: pro TN 3 Wäscheklammern

Beschreibung

Jeder TN bekommt drei Wäscheklammern (am besten Holzklammern, die stabiler als Plastikklammern sind). Der Spielraum ist durch einen Stuhlkreis begrenzt. Niemand darf sich außerhalb dieses Kreises bewegen.

1. Runde: Geben

Die Aufgabe in der ersten Runde besteht darin, den anderen all seine Wäscheklammern anzustecken, also selber keine zu behalten. Während man eine Klammer an das Hemd eines anderen klemmt, kann es passieren, dass man selber gerade eine angeheftet bekommt. Nach einer Weile des Tobens, Laufens und Lachens unterbricht der Trainer. Wer die wenigsten Klammern an sich hat, hat gewonnen.

Sie können aber auch scherzhaft denjenigen mit den meisten Klammern als Gewinner küren.

2. Runde: Nehmen

In der zweiten Runde lautet die Aufgabe, den anderen möglichst viele Klammern wegzunehmen. Die TN dürfen die ergatterten Klammern jedoch nicht etwa in der Hand verstecken, sondern sie müssen sie sofort an sich heften – und zwar an sichtbaren Stellen! Allerdings ist es jedem TN überlassen, wo er die Klammern anbringt. Manche sind hier sehr kreativ und wählen Regionen, die schlecht erreichbar sind (z. B. die Hosenbeine ganz unten) oder an sich für andere tabu sind.

Wirkung

Dieses Spiel ist sehr lebhaft und erinnert an die Fangspiele unserer Kindheit. Meinen Seminarteilnehmern hat es immer großen Spaß gemacht, zumal man es auch mit einer Bedeutung verknüpfen kann: dem Geben und Nehmen. Beides sollte man im Leben können und im Gleichgewicht halten. In diesem Spiel kann das geübt bzw. auch ausprobiert werden, wie die Balance zwischen beidem empfunden wird.

Yaman taka ant fat

Zweck: Müdigkeit überwinden

Dauer: 3 Minuten

Anzahl der Teilnehmer: mind. 5

Beschreibung

Alle stehen im Kreis. Im Vierertakt werden dazu zusammen die Worte gesprochen: Yaman taka ant fat.

Jedes Wort wird mit einer Bewegung begleitet.

Wort	Bewegung
Yaman	Leicht in die Hocke gehen und mit den Händen auf den Boden schlagen
Taka	Etwas aufrichten und sich mit den Händen auf die Knie schlagen
Ant	Danach weiter aufrichten und sich auf die Brust schlagen
Fat	Arme nach oben schmeißen

Das Ganze wird in schneller Abfolge drei Mal wiederholt.

Sie können natürlich auch ganz andere Texte nehmen, z. B. »Ich bin topfit!«, oder einen Satz, der zu Ihrem Seminarthema passt.

Wirkung

Dieses Spiel ist eine kurze knackige Energieaufbauübung. Mit der rhythmischen Bewegung kommt der Kreislauf in Schwung und alle werden (wieder) wach.

Munter werden durch Spaß und Blödelei

Wer in einer positiven Stimmung ist, kann sich besser konzentrieren. Warum also nicht einfach zusammen Spaß haben? Mit den folgenden Spielen sind Lachen und Ausgelassenheit vorprogrammiert. Danach können die TN wieder mit Schwung weiter arbeiten.

An einem Regentag

(nach Eberhard Schererz)

Zweck: Lachen, Bewegung

Dauer: 7 Minuten

Anzahl der Teilnehmer: mind. 8

Beschreibung

Alle stehen in einem Kreis. Der Trainer macht und spricht die folgenden Texte mit begleitenden Bewegungen vor, die TN sprechen und machen es nach.

Text	Bewegung
Oh, schon wieder Wasser in meinem Ohr, Ohr, Ohr.	Kopf auf die rechte Schulter senken, Finger ins linke Ohr stecken
Oh, schon wieder Wasser in meinem Ohr, Ohr, Ohr.	Kopf auf die linke Schulter senken, Finger ins rechte Ohr stecken
Von oben kommt der Regen, Regen, Regen. Von oben kommt der Regen, Regen, Regen.	Arme ganz nach oben strecken, dann mit den Fingern das Prasseln von Regentropfen imitieren und sie so von oben nach unten am Körper entlanglaufen lassen
Meine Schuhe sind schon ganz nass. Meine Schuhe sind schon ganz nass.	Erst in die Luft springen, dann in die Hocke gehen und mit den Händen die Schuhe berühren
Ich will heut' nicht zur Arbeit, ich bleibe heut' im Bett. Ich will heut' nicht zur Arbeit, ich bleibe heut' im Bett.	Mit den Füßen auf den Boden stampfen, dann auf der Stelle gehen, Arme angewinkelt nach hinten und vorne bewegen

Text	Bewegung
E-ro-tik-tag, E-ro-tik-tag	Hände in die Hüften, Hüfte nach links, vorne, rechts und hinten bewegen
Hey Du, komm mal her! Hey du, komm mal her!	Gegenüberstehende Person mit Fingerbewegung »Komm her« signalisieren (wie die Hexe locken) und mit ihr die Plätze tauschen
Ich bin von Kopf bis Fuß auf Liebe eingestellt.	Diese Zeile aus dem Lied von Marlene Dietrich wird gesungen! Dabei rechten Fuß in Richtung rechter Nachbar stellen, Bein anwinkeln, rechte Hand auf rechtes Bein abstützen, linke Hand in den Nacken
Denn das ist meine Welt – und sonst gar nichts!	Das wird gesungen. Dabei linken Fuß in Richtung linker Nachbar stellen, linkes Bein anwinkeln, linke Hand auf linkes Bein, rechte Hand in den Nacken
Schau mal her, wie schön ich bin!	Rechten Fuß nach vorne stellen, das hintere Bein gestreckt, mit beiden Händen von vorne nach hinten über den Kopf streichen

Wirkung

Dieses Spiel löst sicher erst einmal Verblüffung aus, um dann in Gelächter zu münden.

Sie sollten vorher anhand eines anderen Spiels aus diesem TaschenGuide prüfen, ob die Gruppe spielfreudig ist und sich auch auf ein albernes Spiel wie dieses einlässt.

Besuch im Zoo

Zweck: Bewegung, Konzentration, Spaß

Dauer: 10 Minuten

Anzahl der Teilnehmer: mind. 10

Beschreibung

Alle stehen im Kreis. Nacheinander werden vom Trainer erst einmal die verschiedenen Rollen vorgestellt und mit allen eingeübt.

Rolle	Text	Bewegung
Bären	»Tanzen, wir wollen tanzen, das macht mich soo dschubbi dubbi duaa, chachacha.«	Mit Hüften schwingen und dabei Arme angewinkelt
Perlhühner	»Gock, gock, goook – gock, gock, goook.«	Hände mit der Handfläche nach unten in Brusthöhe vor sich halten, im Rhythmus nach oben und unten bewegen
Schlangen	▪ »Hach, die vielen Leute – hach, was woll'n die heute.« ▪ »Husch, husch, geht doch alle fort von mir.«	▪ Hände vor den Mund schlagen, dabei mit einer etwas gekünstelten hohen Stimme sprechen ▪ Mit Handbewegung wegscheuchen
Kinder	»Wir wollen Eis und Pommes Frites.«	Stampfend mit angewinkelten Armen gehen und dazu laut den Text rufen

Nach der Einübung dieser Rollen teilen sich die TN in vier Gruppen auf, ordnen sich den Bären, Schlangen etc. zu, je nachdem, was ihnen am besten gefällt. Die Gruppen sollten allerdings in etwa gleich groß sein. Vor allem sollten es nicht allzu viele »Kinder« sein, da es sonst zu laut wird und sie die anderen übertönen.

Der Trainer gibt wie der Dirigent eines Kanons den jeweiligen Einsatz: Erst kommen die Bären dran, dann folgen die Perlhühner, dann die Schlangen und zuletzt die Kinder. Wenn alle gleichzeitig ihre Sprüche im Rhythmus sagen, gehen auf ein Zeichen des Trainers alle kreuz und quer durch den Raum.

Die Konzentrationsleistung besteht darin, bei seiner Rolle zu bleiben, und dies vor allem im richtigen Rhythmus. Die TN sollten sich nicht von den anderen aus dem Konzept bringen lassen.

Nach einer Weile schlägt der Trainer auf einen Gong oder gibt ein anderes Zeichen. Alle gehen daraufhin sprechend in ihre Ecken zurück, immer noch ihre Rolle beibehaltend. Dann bringt der Trainer in umgekehrter Reihenfolge zuerst die Kinder zum Verstummen, dann die Schlangen, dann die Perlhühner und schließlich die Bären.

Wirkung

Dieses Spiel ist für mich das ultimativ alberne Spiel. Aber wie so oft, ist es nicht nur albern. Es erfordert in der Tat auch hohe

Konzentration (wäre somit auch unter Konzentrationsspiele einzuordnen) und noch mehr. Es erfordert nämlich den Mut, einmal etwas Ungewohntes zu tun und Grenzen zu überschreiten. Somit ist das Spiel auch gut bei allen Themen einsetzbar, die mit Veränderung zu tun haben: Change Management, Führung, Kreativität etc. Man kann es auch nutzen, um die TN den Tiergruppen folgend in vier Arbeitsgruppen einzuteilen.

Das doppelte Lottchen

Zweck: Förderung der Konzentration, Spaß
Dauer: 5 bis 10 Minuten
Anzahl der Teilnehmer: mind. 8
Hilfsmittel: Decke

Beschreibung

Zwei TN sitzen nebeneinander. Sie haben eine Decke oder Jacke so umhängen, dass nur ihre beiden Köpfe darüber sichtbar sind.

Die anderen TN stellen nun nacheinander Fragen an die beiden. Diese müssen sie gleichzeitig mit möglichst gleichem Inhalt beantworten. Dazu ist es notwendig, dass die beiden sich ansehen und die Mundbewegung des anderen zu deuten versuchen. Dadurch entsteht eine sehr schleppende Art zu sprechen, was sehr amüsant ist, vor allem, wenn die Partner dann mit unterschiedlichen Antworten herausplatzen.

Beispielfragen:

- Was ist euer Lieblingsessen?
- Wohin fahrt ihr gerne in den Urlaub?
- Was macht ihr heute Abend?

Wirkung

Hier agieren zwei TN zusammen zum Amüsement der Zuschauenden. Die Übung lockert die Atmosphäre und bringt eine Menge Spaß in Seminare und Workshops.

Drache, Prinz, Prinzessin

Zweck: Spaß und Bewegung, Strategie
Dauer: 5 Minuten
Anzahl der Teilnehmer: mind. 8

Beschreibung

Das Prinzip ist das gleiche wie bei »Schere, Stein, Papier« – auch bekannt unter »Schnick, Schnack, Schnuck« oder »Ching, Chang, Chong«. Sie stellen die drei Rollen vor.

- **Prinz:** Er macht einen Schritt nach vorne, führt mit dem rechten Arm einen Schwertschlag aus und ruft dabei »Ha!«.
- **Drache:** Er reißt beide Arme nach oben, formt die Hände zu Krallen und faucht bedrohlich.

- **Prinzessin:** Sie stemmt einen Arm in die Hüfte, mit der anderen Hand formt sie ein Krönchen auf dem Kopf. Sie dreht sich mit Trippelschrittchen um sich selber und zwitschert dabei mit hoher Stimme »Huuuuu«.

Wer gewinnt, bestimmen die Regeln.

Regeln	
Prinz trifft auf Drache	Der Prinz gewinnt, weil er dem Drachen den Kopf abschlägt.
Drache trifft auf Prinzessin	Der Drache gewinnt, weil er die Prinzessin raubt.
Prinz trifft auf Prinzessin	Die Prinzessin gewinnt, weil sie den Prinzen bezaubert.

Nun werden zwei Gruppen gebildet. Jede Gruppe berät sich heimlich, welche der drei Figuren sie wählt. Dann stellen sich die Gruppen in zwei Reihen gegenüber. Der Trainer zählt dann bis 3. Bei 3 zeigen alle gleichzeitig ihre vorher abgestimmte Figur.

Es sollten mindestens 3 Runden gespielt werden, um einen Sieger ermitteln zu können. Wer gewinnt, erhält einen Punkt. Die Punkte werden am Schluss zusammengezählt. Die Gruppe mit den meisten Punkten wird belohnt.

Wirkung

Die Beratungen nach der ersten Runde sind das Spannende an diesem Spiel und machen es zu einem Strategiespiel. In der ersten Runde werden die Rollen noch beliebig eingenommen, aber danach wird überlegt: »Denken jetzt die anderen, wir machen wieder das Gleiche? Oder denken sie, dass wir das denken und deshalb versuchen sie …«.

Die TN lassen sich wegen der Spannung, die das Spiel erzeugt, auch gerne darauf ein, und es macht ihnen offensichtlich Spaß, denn es ertönt immer ein »Oh, wie schade!«, wenn ich das Spiel beende.

Laufscharade

Zweck: Pantomime, Bewegung, Spaß
Dauer: 5 bis 10 Minuten
Anzahl der Teilnehmer: mind. 8
Vorbereitung: Der Trainer schreibt ca. 10 aus jeweils zwei Wörtern zusammengesetzte Substantive gut lesbar auf ein Blatt Papier (zu Beispielen siehe unten).

Beschreibung

Die TN werden in gleich große Gruppen aufgeteilt. Die Gruppen stellen sich in verschiedene Ecken des Raumes. Der Trainer bleibt in der Mitte mit der Liste, auf der untereinander verschiedene Begriffe (zusammengesetzte Substantive) stehen (Beispiele finden Sie weiter unten).

Aus jeder Gruppe kommt ein TN in die Mitte, und der Trainer zeigt jedem den ersten Begriff. Die TN laufen nun zu ihrer Gruppe zurück und stellen diesen Begriff pantomimisch dar. Geräusche sind nicht erlaubt. Mit den Fingern können sie anzeigen, ob sie den ersten Teil des Wortes darstellen oder den zweiten. Die Gruppenmitglieder raten nun, was für ein Begriff gesucht wird – möglichst leise, damit die anderen Gruppen ihre Vermutungen nicht hören.

Wenn eine Gruppe den Begriff herausgefunden hat, kommt der nächste TN in die Mitte, (z. B. derjenige, der die Lösung gefunden hat), flüstert dem Trainer die Lösung zu und bekommt dann den nächsten Begriff gezeigt.

Gewonnen hat die Gruppe, die zuerst alle Begriffe herausgefunden hat.

Beispielbegriffe	
Einfacher	**Schwieriger**
▪ Tischbein	▪ Feuerleiter
▪ Lampenschirm	▪ Hochhaus
▪ Bienenstock	▪ Schneckenhaus
▪ Mondkalb	▪ Baumkrone
▪ Sterntaler	▪ Holzwurm
▪ Stahlgerüst	▪ Zungenbrecher
▪ Maulesel	▪ Sumpfhuhn

Dieses Spiel kann man bei schönem Wetter auch gut draußen spielen.

Wirkung

Den TN macht das Spiel so viel Spaß, dass sie meist nicht aufhören wollen, wenn die erste Gruppe gewonnen hat. Für die anderen ist es dann auch durchaus kurzweilig, sich die Darbietungen anzuschauen (zumal sie ja jetzt wissen, was die anderen darstellen wollen).

Die TN kommen bei diesem Spiel mit Wettbewerbscharakter in Bewegung und können spielerische und kreative Seiten ausleben. Der Wettbewerb zwischen den Gruppen erhöht die Spannung und die Dynamik.

Leipziger Messe

Zweck: Spaß und Bewegung
Dauer: 7 Minuten
Anzahl der Teilnehmer: mind. 8

Beschreibung

1. Runde

Alle sitzen im Kreis.

Als Trainer (im Folgenden A) beginnen Sie und sagen zu Ihrem linken Nachbarn (im Folgenden B): »Ich war gestern auf der Leipziger Messe.«

B antwortet: »Und, hast du mir was mitgebracht?«

A: »Ja, eine Säge.« Sie führen dazu eine Sägebewegung mit dem rechten Arm aus, indem Sie ihn vor und zurück bewegen. Das behalten Sie nun die ganze Zeit bei.

B wendet sich nun an seinen linken Nachbarn C:

B: »Ich war gestern auf der Leipziger Messe.«

C: »Und, hast du mir was mitgebracht?«

B: »Ja, eine Säge.« Auch er beginnt die Sägebewegung mit dem rechten Arm und behält sie bei.

Die Frage, die Antwort und die Bewegung setzen sich durch die ganze Runde fort, bis alle sägen.

2. Runde

Alle führen weiterhin die Sägebewegung aus Runde 1 aus. A sagt zu B: »Ich war gestern wieder auf der Leipziger Messe.«

B: »Und, hast du mir wieder was mitgebracht?«

A: »Ja, einen Fächer.« Er macht dazu fächelnde Bewegungen mit der linken Hand. Auf diese Weise geht es wieder den ganzen Kreis herum.

Die fächelnde Bewegung in Kombination mit dem rechten sägenden Arm ist schwierig und sieht ungeheuer komisch aus.

3. Runde

Beide Bewegungen von oben werden beibehalten. Nun wird nach demselben Prinzip eine Nähmaschine zum Thema. Dazu werden Bewegungen mit dem rechten Bein ausgeführt, als ob man auf den Fuß einer alten Nähmaschine tritt.

4. Runde

Nun kommt ein Schaukelstuhl dazu: Die TN schaukeln mit dem ganzen Oberköper gleichzeitig vor und zurück.

5. und letzte Runde

Den Schluss bildet ein Papagei. Die TN rufen hierzu die ganze Zeit mit krächzender Stimme »Lore, Lore«.

Wirkung

Vorsicht: Die Übung ist höchst albern und bringt die gesamte Gruppe an den Rande des Lach-Wahnsinns. Sie ist wegen der vielen unterschiedlichen Bewegungen höchst anstrengend.

Neue Kräfte sammeln mit Yoga & Co.

Den ganzen Tag still zu sitzen, ist weder besonders gesund, noch fördert es die Konzentration. Sanfte, leichte Dehnübungen wie zum Beispiel aus dem Yoga oder Entspannungsübungen lockern die Muskeln, fördern die Durchblutung und machen den Kopf wieder frei für neue Ideen und Inhalte.

Der Halbmond

Zweck: Dehnung beider Körperseiten
Dauer: 5 Minuten
Anzahl der Teilnehmer: beliebig

Beschreibung

Diese Übung kommt aus dem Yoga, dort heißt sie Ardha Chandrasana. Arda heißt übersetzt »halb«, Chandra bedeutet »Mond«.

Die TN stellen sich aufrecht hin, die Füße etwas auseinander. Beide Arme hängen seitlich locker herab. Dann wird der rechte Arm bis in die Fingerspitzen gedehnt. Die TN heben anschließend den Arm langsam seitlich an; in Schulterhöhe drehen sie die Handfläche nach oben – weiter aufsteigen lassen bis zur Senkrechten. Der rechte Arm wird weit nach oben gedehnt.

Die linke Hand gleitet dann am linken Bein nach unten, der rechte Arm bleibt währenddessen nah am Kopf. Die gesamte rechte Seite wird gedehnt. Die Atmung fließt während der gesamten Übung normal weiter.

Anschließend kehren die TN wieder in die aufrechte Stellung zurück. Sie lassen dazu den rechten Arm langsam sinken (die Dehnung wird noch gehalten, bis der Arm ganz unten ist), In Schulterhöhe drehen sie die Handfläche nach unten und lassen den Arm weiter sinken. In der Ausgangsstellung wird die Dehnung aufgelöst.

Sie spüren ihren Gefühlen einen Moment nach, indem sie die Empfindungen in der rechten und linken Körperseite miteinander vergleichen. Die eine Seite fühlt sich manchmal länger an oder wärmer. Auf jeden Fall ist zwischen den Seiten immer ein deutlicher Unterschied zu bemerken.

Das Gleiche wird mit der jeweils anderen Seite wiederholt.

Wirkung

Bei dieser Übung wird die seitliche Muskulatur jeweils einer Seite gedehnt und der Brustkorb intensiv geweitet. Die TN nehmen ihre rechte und linke Seite deutlich wahr. Nach dem Üben beider Seiten stellt sich ein Gefühl von Ganzheit ein.

Die Kopfdrehung

Zweck: Hals- und Nackenmuskulatur entspannen und lösen
Dauer: 3 Minuten
Anzahl der Teilnehmer: beliebig

Beschreibung

Die TN setzen sich ganz vorne auf die Stuhlkante. Die Wirbelsäule aufrichten. Die Füße werden in einem kleinen Abstand auseinander parallel, fest auf den Boden gestellt. Sie können die Augen schließen, um die Vorgänge und Wirkungen im Körper besser wahrzunehmen.

- Der Kopf wird langsam nach links gedreht, als ob man über seine linke Schulter schauen wollte, ohne das Kinn anzuheben oder zu senken. Die TN sollen die eigene Grenze spüren und einen Moment an dem Endpunkt bleiben. Dabei die Schultern loslassen, den Atem fließen lassen.
- Anschließend wird der Kopf wieder ganz langsam und bewusst zur Mitte zurückgedreht. Noch einmal die Wirbelsäule aufrichten.
- Dann wird der Kopf langsam nach rechts gedreht – wieder bis zur eigenen Grenze. Dort verharren die TN einen Moment. Dann langsam zur Mitte zurückdrehen.
- Das Kinn anheben und den Kopf vorsichtig in den Nacken sinken lassen und wie auf einem Kissen ablegen. Die Zähne können sich leicht voneinander lösen.
- Den Kopf langsam wieder anheben, zur Mitte zurück.
- Dann das Brustbein etwas anheben, das Kinn in Richtung Halsgrube und den Kopf nach vorne sinken lassen. Schwer hängen lassen. Die Dehnung im Nacken spüren.
- Zur Mitte zurück.
- Den Kopf langsam nach links in Richtung linke Schulter sinken lassen. Die Dehnung in der rechten Halsseite spüren.
- Zur Mitte zurückkommen und in einer fließenden Bewegung den Kopf zur rechten Seite sinken lassen, die Dehnung in der linken Halsseite spüren.
- Zur Mitte zurückkommen.

Wirkung

Diese Übung stammt aus dem Yoga und heißt dort Brahma Mudra. Sie fördert die Beweglichkeit und die Entspannung der Nacken- und Halsmuskulatur. Sie hilft den TN, sich wieder besser konzentrieren zu können und Müdigkeit zu überwinden.

Die Berghaltung

Zweck: Dehnung des Nacken- und Schulterbereichs und Lösen von Verspannungen
Dauer: 5 Minuten
Anzahl der Teilnehmer: beliebig

Beschreibung

Die TN sitzen vorne auf der Stuhlkante. Die Wirbelsäule ist aufgerichtet. Sie heben die gestreckten Arme seitlich bis in Schulterhöhe an. Die Handflächen zeigen nach vorne. Sie dehnen ihre Arme bis in die Fingerspitzen.

Die Arme werden noch etwas weiter nach hinten geöffnet, sodass der Brustkorb gedehnt wird.

Anschließend heben die TN ihre Arme an und legen die Hände mit den Handflächen gegeneinander. Die Hände auf den Kopf aufstellen, die Fingerspitzen zeigen nach oben. Die Ellbogen werden nach hinten gedrückt.

Dann die Hände aufsteigen lassen, bis die Arme gestreckt sind. Alle Finger werden miteinander verschränkt, außer den Zeigefingern, die gestreckt nach oben zeigen. Die Arme anschließend weit nach oben dehnen und den Atem fließen lassen. Diese Position eine Weile halten. Dann genauso langsam und bewusst wieder herauskommen. Anschließend nachspüren.

> Beim Yoga werden keine rhythmischen Bewegungen ausgeführt wie bei der Gymnastik. Es geht darum, bewusst in eine Haltung hineinzugehen, dort eine Weile zu bleiben und dabei immer mehr zu entspannen, sich immer tiefer in diese Haltung »sinken« zu lassen. Gerade beim Nachspüren wird die Wirkung einer Übung oft erst deutlich, das Blut fließt zurück, die Entspannung kann eintreten.

Lassen Sie den TN Zeit bei dieser Übung. Nur dann können sie wahrnehmen, was mit dem Körper geschieht – was die Wirkung vertieft.

Wirkung

Mit dieser Übung, die aus dem Yoga stammt und dort Parvatasana heißt, können Verspannungen im Nacken und Schulterbereich (die viele Menschen haben, vor allem wenn sie viel am PC arbeiten) erst einmal deutlicher, aber langfristig auch gelöst oder gemildert werden. Sie fördert die Durchblutung und gibt ein Gefühl von Wärme.

Die Drehhaltung

Zweck: Lockerung und bessere Durchblutung des Rückens
Dauer: 5 Minuten
Anzahl der Teilnehmer: beliebig

Beschreibung

Diese Übung stammt aus dem Yoga und heißt dort Ardha Matsyendrasana.

Die TN sitzen vorne auf der Stuhlkante und lassen die Wirbelsäule wachsen, sodass sie gerade aufgerichtet ist. Diese gerade Haltung ist bei dieser Übung besonders wichtig.

Das rechte Bein wird über das linke geschlagen, der linke Fuß steht fest dabei auf dem Boden in der Mitte vor dem Körper. Die linke Hand liegt auf dem rechten Oberschenkel. Die rechte Hand wird hinter dem Rücken aufgestellt, in der Mitte nah am Körper, dabei zeigt der Daumen zur Wirbelsäule. Das dient dazu, den Körper aufgerichtet zu halten und sich nach oben zu stützen.

Die rechte Schulter wird nun nach rechts hinten gedreht. Langsam wird dann der ganze Oberkörper nach rechts gedreht. Zuletzt folgt langsam und vorsichtig der Kopf dieser Drehung, sodass man sich nicht im Nacken verspannt.

Der Atem fließt, sodass die TN immer mehr entspannen, während gleichzeitig die Wirbelsäule weiter nach oben wächst.

Nach ein paar Atemzügen langsam zur Mitte zurückdrehen und die Beinhaltung lösen und dem Gefühl einen Moment nachspüren.

Das Gleiche wird dann zur anderen Seite wiederholt.

Wirkung

Diese Drehübungen machen, wenn sie achtsam ausgeführt werden, einen steifen Rücken beweglicher. Die Bandscheiben werden sanft gedrückt, die Wirbelsäule gedreht. Nach der Übung findet in diesen Bereichen eine stärkere Durchblutung statt.

Die Vorbeuge

Zweck: Dehnung der Wirbelsäule und des Rückens
Dauer: 5 Minuten
Anzahl der Teilnehmer: beliebig

Beschreibung

Die TN stellen sich aufrecht ca. einen Meter hinter einen Stuhl. Sie können statt des Stuhls auch eine Tischkante oder sogar Krücken oder Walkstöcke nehmen.

- Mit der nächsten Einatmung heben sie die Arme und dehnen sich weit nach oben.
- Mit der nächsten Ausatmung neigen sie sich mit ganz geradem Oberkörper nach vorne, bis er parallel zum Boden ist.

Gleichzeitig lassen sie die Arme sinken und stellen die Fingerspitzen auf der Stuhllehne ab. Der Kopf bleibt zwischen den Armen, sodass Rücken und Halswirbelsäule möglichst eine Linie bilden.

- Die TN sollen sich nun vorstellen, dass sie vorne an den Händen und gleichzeitig am Gesäß nach hinten gezogen werden. Die Brust Richtung Boden dehnen. Der ganze Rücken wird dadurch lang gedehnt. Diese Haltung wird beibehalten, so lange es angenehm ist.
- Beim Aufrichten bleiben die Hände weiter auf der Stuhlkante abgestützt, die Knie werden leicht gebeugt. Die TN kommen nun mit kleinen Schritten nach vorne und richten sich dabei langsam auf.

> Keine abrupten Bewegungen! Wenn man nach der starken Dehnung zu plötzlich hochkommt, ist das für den Körper schlecht.

Wirkung

Diese Yoga-Übung, auch Pashimottanasana genannt, ist besonders angenehm nach langem Sitzen. Den Rücken einmal gänzlich zu dehnen, ist für die meisten Menschen sehr wohltuend.

Da bei dieser Übung die Hände abgestützt werden, können sie auch diejenigen machen, für die die normale Vorbeuge, bei der der Oberkörper nach unten hängt, nicht möglich oder nicht angenehm ist.

Yoga für die Augen

Zweck: Entspannung der Augen

Dauer: 5 Minuten

Anzahl der Teilnehmer: beliebig

Beschreibung

Die TN strecken einen Arm nach vorne aus. Der Daumen zeigt nach oben. Sie fokussieren ihren Blick dreimal:

1. auf die Nasenspitze
2. auf den Daumen
3. entspannt in die Ferne

Das Ganze wird mehrere Male wiederholt. Anschließend werden die Handinnenflächen fest aneinander gerieben, bis sie warm werden. Die TN schließen die Augen und legen die warmen Handflächen mit einer sanften Wölbung über die Augen. Dann heißt es: Genießen!

Die TN nehmen die Hände von den Augen und blicken

- mehrmals nach oben und unten,
- mehrmals von rechts nach links,
- mehrmals diagonal von rechts oben nach links unten,

- mehrmals diagonal von links oben nach rechts unten,
- im Kreis: erst im Uhrzeigersinn, dann anders herum,
- wie der Zeiger einer Uhr, etwas ruckartig von 1 Uhr, nach 2 Uhr, nach 3 Uhr usw.

Zwischendurch können die TN immer wieder mal die Handflächen gegeneinander reiben und sie zur Entspannung über die Augen legen.

Wirkung

Diese Übungen regen die Durchblutung der Augen an, verbessern das Sehvermögen und stärken die Augenmuskulatur. Zudem werden die Augen entspannt.

Massage

Zweck: Energieaufbau, Entspannung und Belohnung
Dauer: 10 Minuten
Anzahl der Teilnehmer: mind. 4
Hilfsmittel: entspannende Musik

> Dieses Spiel erfordert Körperkontakt. Es wird daher besser erst eingesetzt, wenn sich die TN schon etwas kennen.

Beschreibung

Die TN bilden Paare. A setzt sich umgekehrt auf einen Stuhl, sodass sein Rücken frei ist. B setzt sich mit seinem Stuhl vor den Rücken des A. Der Trainer legt entspannende Musik auf. Die Stücke sollten etwa 5 Minuten lang sein. Während des ersten Lieds massiert A den B am Rücken. Nach dem ersten Lied wechseln A und B die Plätze. A ist dann derjenige, der massiert wird.

Ich bitte die TN, während der Übung zu schweigen, und empfehle ihnen, während der Massage die Augen zu schließen. Dann können sie sich besser auf ihre Körperempfindung konzentrieren und genießen.

Wirkung

In der Regel ist diese kleine Übung für die TN insbesondere nach intensiver Arbeit oder als Zäsur zwischen zwei Seminarabschnitten sehr entspannend. Die TN können sich so etwas Gutes tun und in Kontakt miteinander kommen.

Ich habe nur einmal in einer kleinen Gruppe erlebt, dass TN die Berührung von anderen unangenehm war.

Raus aus dem Tief mit Rhythmus und Musik

Bewegungsübungen mit Rhythmus und Musik haben es in sich. Für viele Teilnehmer sind sie erst einmal ungewohnt und sie haben eine gewisse Scheu davor. Gleichzeitig geben diese Übungen jedoch einen ganz besonderen Schwung und Energie. Wenn die TN sich erst einmal darauf eingelassen haben, sind sie oft ganz erstaunt, wie viel Spaß es ihnen macht. Anschließend sind auf jeden Fall alle wach und wieder voll da.

Alle meine Entchen

Zweck: Förderung der Konzentration, Bewegung, Rhythmus, Spaß

Dauer: 5 Minuten

Anzahl der Teilnehmer: mind. 8

Beschreibung

Alle TN sitzen im Kreis auf dem Boden. Jeder hat einen Schuh ausgezogen, der nun vor ihm steht. Nun wird gemeinsam das Lied »Alle meine Entchen« gesungen. Die Schuhe werden im Rhythmus des Liedes nach rechts weitergegeben. Der Trainer sollte darauf achten, dass jeder jeweils nur einen Schuh im Takt weitergibt und nicht anderen TN noch schnell Schuhe zwischendurch zuwirft, da das die Übung kaputtmacht.

> Geben Sie dazu den Tipp: »Auch wenn keine Schuh da ist, bewegen Sie den Arm trotzdem weiter im Rhythmus nach rechts, sodass Sie nicht aus dem Takt kommen können.«

In der zweiten Runde werden ab der Textstelle »Köpfchen« die Schuhe nach links weitergereicht.

In der dritten Runde wird hinter »See« zweimal geklatscht.

Sie können sich noch weitere Varianten ausdenken, die den Schwierigkeitsgrad des Spiels erhöhen.

Wirkung

Das Spiel verlangt den TN Konzentration und auch Mut ab, Mut sich auf den Boden zu setzen und einen Schuh auszuziehen, der dann auch noch an andere TN weitergegeben wird. »Alle meine Entchen …« zu singen ist auch für manche eine Herausforderung. Ich habe dieses Spiel trotzdem jahrelang mit Erfolg und Überzeugung eingesetzt. Nach anfänglicher Skepsis haben die TN viel Spaß und sind anschließend garantiert wach und wieder ganz bei der Sache.

Indianertanz

Zweck: Bewegung, Rhythmus, Spaß
Dauer: 5 Minuten
Anzahl der Teilnehmer: mind. 8

Beschreibung

Alle stehen im Kreis, mit dem Gesicht zur Kreismitte. Der Trainer übt mit den TN folgendes Lied im Sprechgesang ein

A: Hey yannana, hey yannana, hey yannana hey ://

B: Hey hey yannan, hey hey yannan, hey hey yannana hey ://

Strophe	Bewegung	
A	Erde	Handflächen in Richtung Boden strecken, die Erde unter den Händen und Füßen spüren, im Rhythmus des Gesanges von A rückwärts und dann wieder nach innen gehen.
B	Die Arme auf die Schultern der Nachbarn legen und seitlich erst 4 Schritte nach rechts stampfen, dann 4 Schritte nach links.	
A	Wasser	An den Händen fassen, Wellenbewegungen mit den Armen machen, dabei bewegen sich alle gemeinsam im Kreis wieder nach rückwärts und vorwärts
B	Siehe oben unter B.	
A	Feuer	In die Hände klatschen, dabei Handspitzen nach oben richten, gleichzeitig Knie anheben und wieder nach außen und innen bewegen.
B	Siehe oben unter B.	
A	Luft	Arme nach oben strecken, hin und her wiegen, dabei erst nach rechts um sich selbst drehen, dann nach links.

Wirkung

Der Indianertanz gehört zu meinem Standard-Repertoire. Ich habe ihn schon mit allen möglichen Zielgruppen durchgeführt; das Erstaunliche ist, dass er – nach anfänglicher Skepsis der TN – immer gut ankommt. Vermutlich liegt es auch daran, dass ich die Übung nicht schon am ersten Tag einsetze, sondern erst an Folgetagen, wenn die Gruppe lockerer ist und sich schon an so Einiges gewöhnt hat.

Tänze und Gesang sind für die meisten Trainer und auch TN mit einer großen Hemmschwelle verbunden. Schade, denn der Indianertanz macht den meisten Menschen Spaß. Viele meiner Seminarteilnehmer sind sogar enttäuscht, wenn ich schon nach einer Runde aufhöre. Die Bewegungen sind einfach – und bislang haben auch alle sofort den Text und den Gesang gelernt. Den meisten macht es Spaß, zu stampfen und zu singen, und die Assoziationen zu Indianern sind meist positiv besetzt.

Der Tanz belebt ungemein und ist ideal, um die TN aus ihrem Mittagstief zu holen. Ich habe auch schon erlebt, dass mit diesem Spiel bestehende Spannungen in einer Gruppe abreagiert werden konnten und das Arbeiten nachher wieder besser lief.

Kalimba de Luna

Zweck: Konzentration, Rhythmus, Spaß
Dauer: 10 Minuten
Anzahl der Teilnehmer: mind. 8 Personen
Hilfsmittel: Musik

Vorbereitung: Auswahl eines Liedes. Diese Übung lebt von der richtigen Musik, die sehr beschwingt sein und gute Laune machen sollte. Ohne Musik ist diese Übung nicht empfehlenswert. Der Trainer sollte am besten ein Musikstück wählen, das aus der Richtung Latin Pop stammt, so z.B. das Lied »Kalimba de Luna« von Tony Esposito.

Verwenden Sie ein Musikstück im Workshop oder Seminar, müssen Sie Lizenzzahlungen an die GEMA entrichten. Mehr Informationen unter www.gema.de.

Beschreibung

Alle TN stehen im Kreis. Zunächst werden in einem Durchgang die Bewegungen (dazu gleich mehr) eingeübt – noch ohne Musik. Danach startet der Trainer die Musik, auch wenn die TN meinen, noch ein bisschen Übung zu brauchen. Im Rhythmus der Musik startet nun der Tanz mit folgenden Bewegungen:

1. Rechten Arm nach vorne in die Mitte strecken und winken; linken Arm nach vorne in die Mitte strecken und winken
2. Rechte Hand auf eigene linke Wange, linke Hand auf eigene rechte Wange
3. Rechte Hand auf rechte Schulter des linken Nachbarn, linke Hand auf die linke Schulter des rechten Nachbarn
4. Rechte Hand auf rechte Hüfte des linken Nachbarn, linke Hand auf die linke Hüfte des rechten Nachbarn
5. Rechte Hand auf das rechte Knie des linken Nachbarn, linke Hand auf das linke Knie des rechten Nachbarn
6. Rechte Hand an den rechten Fuß des linken Nachbarn, linke Hand auf den linken Fuß des rechten Nachbarn.
7. Ab dem dritten Takt wird der Körper immer leicht mitgedreht: links, rechts, so kommt ein eigener Schwung und Be-

wegungsrhythmus auf, der alle (oder wenigstens die meisten) mitreißt.

8. Das Ganze kann noch einmal rückwärts von unten nach oben durchgespielt werden.

Die TN stellen schnell fest: Letztlich setzen sie bei der Übung lediglich den eigenen rechten und linken Arm abwechselnd ein. Wenn man das einmal raus hat, kann man sich theoretisch nicht mehr irren, selbst wenn man gerne rechts und links verwechselt. In der Praxis schaffen das natürlich trotzdem einige. Das macht aber überhaupt nichts, sondern sorgt vielmehr für eine ausgelassene Stimmung.

Wirkung

Diese Übung ist eine meiner absoluten Lieblingsaktivierungen. Alle sind danach (wieder) munter. In meinen Veranstaltungen kam diese Bewegungsübung meist wirklich gut an, selbst bei Kongressen mit wildfremden Menschen hatten alle einen riesigen Spaß dabei.

Ich setze sie vor allem zu Zeitpunkten ein, zu denen die TN etwas müde sind, wenn ich »den Laden« wieder in Schwung bringen will. Prinzipiell eignet sie sich daher gut nach dem Mittagessen, allerdings beugt sich mit vollem Magen niemand gerne so weit nach unten. Daher setze ich sie lieber im Anschluss an eine Kaffeepause ein.

Rühr-Arm

Zweck: Bewegung, Konzentration

Dauer: 5 Minuten

Anzahl der Teilnehmer: beliebig

Hilfsmittel: evt. Musik im Vierer-Rhythmus; ich wähle meist »Celebration« von Cool and the Gang

> Verwenden Sie ein Musikstück im Workshop oder Seminar, müssen Sie Lizenzzahlungen an die GEMA entrichten. Mehr Informationen unter www.gema.de.

Beschreibung

Alle stehen im Kreis. Der Trainer startet die Musik und macht die folgenden Bewegungen vor, die TN machen sie nach. Es geht auch ohne Musik; dann zählen alle laut: 1-2-3-4, 1-2-3-4, ...

Figur	Bewegungen mit Taktschritten
A	▪ 2 × mit der rechten Hand auf das rechte Bein schlagen – 1, 2 ▪ 2 × mit der rechten Hand auf die linke Schulter schlagen – 3, 4
B	▪ 2 × mit der linken Hand auf das linke Bein schlagen – 1, 2 ▪ 2 × mit der linken Hand auf die rechte Schulter schlagen – 3, 4
C	▪ 1 × mit der rechten Hand auf das rechte Bein schlagen – 1 ▪ 1 × mit der rechten Hand auf die linke Schulter schlagen – 2 ▪ 1 × mit der linken Hand auf das linke Bein schlagen – 3 ▪ 1 × mit der linken Hand auf die rechte Schulter schlagen – 4

Figur	Bewegungen mit Taktschritten
D	▪ beide Hände zusammenschlagen, so als ob man sich Kreide abklopfen wollte – auf 1, 2 ▪ rechte Hand an linken Ellbogen legen – auf 3 ▪ linke Hand an rechten Ellbogen – auf 4
E	▪ vorne 2 × mit den in D verschränkten Armen »rühren« – 1, 2 ▪ leicht nach hinten neigen und 2 × mit den Armen rühren – 3, 4

Figur E wiederholen, dann das Ganze noch einmal von vorne beginnen.

Wirkung

Diese Bewegungsübung bringt den Kreislauf der TN in Schwung. Hinzu kommt der Spaß, da das »Rühren« sehr komisch aussieht. Das Lachen aktiviert zusätzliche Energie.

Wischi-Waschi

Zweck: Förderung der Konzentration, Rhythmus, Spaß

Dauer: 5 Minuten

Anzahl der Teilnehmer: beliebig

Hilfsmittel: Lied im Vierer- Takt; geeignet ist Disco-Musik mittleren Tempos wie z. B. »Celebration« von Cool and the Gang.

> Verwenden Sie ein Musikstück im Workshop oder Seminar, müssen Sie Lizenzzahlungen an die GEMA entrichten. Mehr Informationen unter www.gema.de.

Beschreibung

Trainer und TN sitzen im Stuhlkreis. Zunächst wird ohne Musik geübt. Der Trainer macht die Bewegungen (siehe dazu sogleich) vor und fordert die TN auf, sie gleich mitzumachen. Es folgt eine weitere Übungsrunde ohne Musik.

Danach beginnt eine Runde mit Musik. Die TN bewegen sich nun in deren Rhythmus. Da in der Regel viel schiefgeht, gibt es auch viel zu lachen. Der Trainer kann die TN darauf hinweisen, dass es nicht darum geht, alles perfekt zu können, sondern das Gehirn anzuregen.

Nach einigen Runden lässt er die TN die Bewegungen alleine machen. Das sorgt regelmäßig für Verwirrung, denn viele haben den Trainer nur nachgeahmt und selbst die Bewegungen nicht im Kopf. Kurz darauf steigt der Trainer wieder ein. Insgesamt sollten es ca. 5 Runden sein, es sei denn, die TN bestehen auf eine Verlängerung.

Der Ablauf besteht aus folgenden Bewegungen:

- 4 × mit der rechten Hand vom Knie aufwärts auf den rechten Oberschenkel schlagen
- 4 × mit der linken Hand vom Knie aufwärts auf den linken Oberschenkel schlagen
- Beide Hände einmal auf die Oberschenkel schlagen, dann in die Hände klatschen; dies noch mal wiederholen

- Nun kommt das Wischi-Waschi: Die Arme angewinkelt vor der Brust halten, wobei die Handflächen nach unten zeigen und eine Überkreuzbewegung mit den Armen machen (rechten Arm über den linken, linken Arm über den rechten führen; beides wiederholen);
- Mit beiden Händen auf die Oberschenkel (bei 1), dann in die Hände klatschen (bei 2), die rechte Hand zur Faust ballen, nur den Daumen nach oben gestreckt halten, und 2 × über die rechte Schulter nach hinten deuten (bei 3–4).
- Die gleiche Abfolge mit der linken Faust wiederholen.
- Wischi-Waschi wiederholen (siehe oben)
- Aufstehen (bei 1–2) und hinsetzen (bei 3–4).

Das Ganze beliebig oft von vorne beginnen.

Wirkung

Wischi-Waschi ist eine rhythmische Konzentrationsübung zu Musik. Sie macht müde TN wieder munter. Sie regt das Gehirn an, wobei es überhaupt nicht darum geht, ob die TN sie »richtig« machen oder nicht. Vielmehr passiert beim Üben zwangsläufig das, worauf es ankommt: Beide Gehirnhälften werden aktiviert.

Wischi-Waschi bringt solche TN an ihre Grenzen, die kein gutes Rhythmusgefühl oder Probleme mit der Feinmotorik haben. Gleichzeitig ist die Übung nicht so herausfordernd wie manche Tänze im Stehen, bei denen sich die TN noch mehr exponieren müssen.

Impressum

Bibliografische Information der Deutschen Nationalbibliothek
Die Deutsche Nationalbibliothek verzeichnet diese Publikation in der Deutschen Nationalbibliografie; detaillierte bibliografische Daten sind im Internet über http://www.dnb.dnb.de abrufbar.

Print: ISBN: 978-3-648-12179-5 Bestell-Nr.: 10705-0002
ePub: ISBN: 978-3-648-12180-1 Bestell-Nr.: 10705-0101
ePDF: ISBN: 978-3-648-12181-8 Bestell-Nr.: 10705-0151

Zamyat M. Klein
Aktivierungsspiele für Seminare und Workshops
4. Auflage 2018

Redaktionsanschrift: Fraunhoferstraße 5, 82152 Planegg/München
Internet: www.haufe.de
E-Mail: online@haufe.de
Redaktion: Jürgen Fischer
Redaktionsassistenz: Christine Rüber

Lektorat: Nicole Jähnichen, www.textundwerk.de
Satz: Reemers Publishing Services GmbH, Krefeld
Umschlaggestaltung: Simone Kienle, Stuttgart
Umschlagentwurf: RED GmbH, Krailling

Die Autorin

Zamyat M. Klein

Die Diplom-Pädagogin mit Schwerpunkt Erwachsenenbildung arbeitet seit 1980 als Trainerin, seit 1991 als freiberufliche Trainerin, Coach und Autorin. Sie hat zahlreiche Zusatzausbildungen in Gestalt- und Pädagogischer Psychotherapie, Yoga sowie NLP absolviert und ist zudem Ausbildungstrainerin in Suggestopädie und Gründerin der OAZE-Online-Akademie. Über ihr Unternehmen ZamyatSeminare, Lohmar, schult sie Trainer und Mitarbeiter aus Unternehmen. Sie gilt als ausgesprochene Expertin für Kreativitätstechniken, Train the Trainer und kreative Seminarmethoden, die sie auch über ihre OAZE-Online-Akademie anbietet.

Kontakt: ZamyatSeminare, Kreativ-Training & Coaching,
Tel.: 02206-81767, E-Mail: info@zamyat-seminare.de
www.zamyat-seminare.de
www.oaze-online-akademie.de

Weitere Literatur

»Seminare, Trainings und Workshops lebendig gestalten«, von Andrea Lienhart, 256 Seiten, EUR 9,95, ISBN 978-3-648-10860-4, Bestell-Nr.: 10115

»Spiele für Workshops und Seminare«, von Susanne Beermann, Monika Schubach, Ortrud Tornow, 240 Seiten, EUR 9,95, ISBN 978-3-648-06907-3, Bestell-Nr.: 01359